쉽게 배우고 생활에 바로 쓰는

동영상 편집

파워디렉터

오상열 저

쉽게 배우고 생활에 바로 쓰는

동영상 편집
파워디렉터

초판 1쇄 발행 2019년 01월 31일
초판 3쇄 발행 2021년 05월 20일

지은이 오상열
펴낸이 한준희
펴낸곳 (주)아이콕스

기획/편집 아이콕스 기획팀
디자인 이지선
영업지원 김진아, 손옥희
영업 김남권, 조용훈, 문성빈

주소 경기도 부천시 조마루로385번길 122 삼보테크노타워 2002호
홈페이지 http://www.icoxpublish.com
이메일 icoxpub@naver.com
전화 032-674-5685
팩스 032-676-5685
등록 2015년 7월 9일 제 386-251002015000034호
ISBN 979-11-86886-94-6

※정가는 뒤표지에 있습니다.
※잘못된 책은 구입하신 서점에서 교환해드립니다.

30년째 컴퓨터를 교육면서도 늘 고민합니다. "더 간단하고 쉽게 교육할 수는 없을까? 더 빠르게 마음대로 사용하게 할 수는 없을까?" 스마트폰에 대한 지식이 없는 4살 먹은 어린아이가 스마트폰을 가지고 놀면서 스스로 사용법을 익히는 것을 보고 어른들은 감탄합니다.

그렇습니다. 컴퓨터는 학문적으로 접근하면 배우기 힘들기 때문에 아이들처럼 직접 사용해 보면서 경험적으로 습득하는 것이 가장 빠른 배움의 방식입니다. 본 도서는 저의 다년간 현장 교육의 경험을 살려 책만 보고 무작정 따라하다 발생할 수 있는 실수와 오류를 바로잡았습니다. 컴퓨터를 활용하는 데 꼭 필요한 핵심 내용을 중심으로 집필했기 때문에 예제를 반복해서 학습하다 보면 어느새 원리를 이해하고, 활용할 수 있는 단계에 오르게 될 것입니다. 쉽게 배우고 생활에 바로 쓸 수 있게 집필된 본 도서로 여러분들의 능력이 향상되기를 바랍니다. 물론 본 도서는 여러분의 컴퓨터 능력을 향상시킬 수 있는 수많은 방법 중 한 가지라는 말씀도 드리고 싶습니다.

교육 현장에서 늘 하는 말이 있습니다.
"컴퓨터는 종이다. 종이는 기록하기 위함이다."
"단순하게, 무식하게, 지겹도록, 단.무.지.반! 하십시오."
처음부터 완벽하지는 않겠지만 차근차근 익히다 보면 어느새 만족할 만한 수준의 사용자로 우뚝 서게 될 것입니다.

끝으로 이 책이 나올 수 있도록 도움을 주신 지아이에듀테크, ㈜아이콕스의 임직원 여러분들께 감사의 마음을 전합니다.

저자 오상열

★ **각 CHAPTER 마다 동영상으로 더 쉽게 학습할 수 있도록 QR코드를 담았습니다. QR코드로 학습 동영상을 시청하는 방법은 다음과 같습니다.**

1. Play스토어 네이버 앱을 **❶설치**한 후 **❷열기**를 누릅니다.

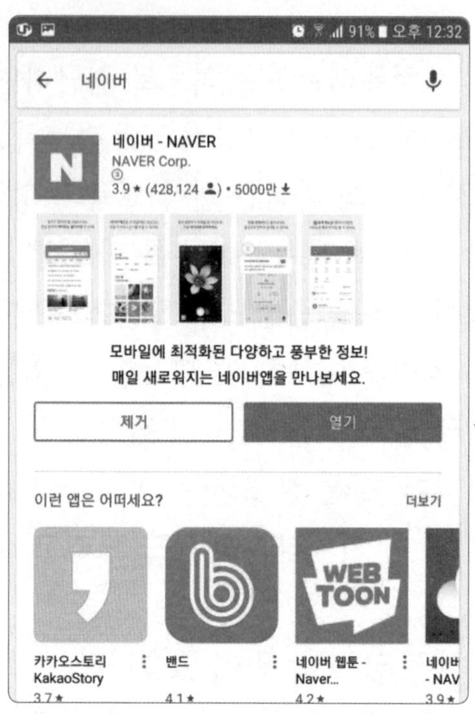

2. **❸카메라 모양** 버튼을 누르면 카메라 모드로 전환됩니다. 본 도서에는 **Chapter**별로 상단 제목 오른쪽에 **QR코드**가 있습니다. 스마트폰의 화면에 QR코드를 보이도록 하면 오른쪽 사진과 같이 **❹초록색 작은 점들**이 QR코드를 인식합니다.

3. 스마트폰의 화면에 QR코드가 인식되면 스마트폰 상단에 동영상 강의 제목이 나타납니다. 이 부분을 터치하면 오른쪽 화면과 같이 목록이 나옵니다. 원하는 Chapter를 누르면 강의를 스마트폰으로 학습할 수 있습니다.

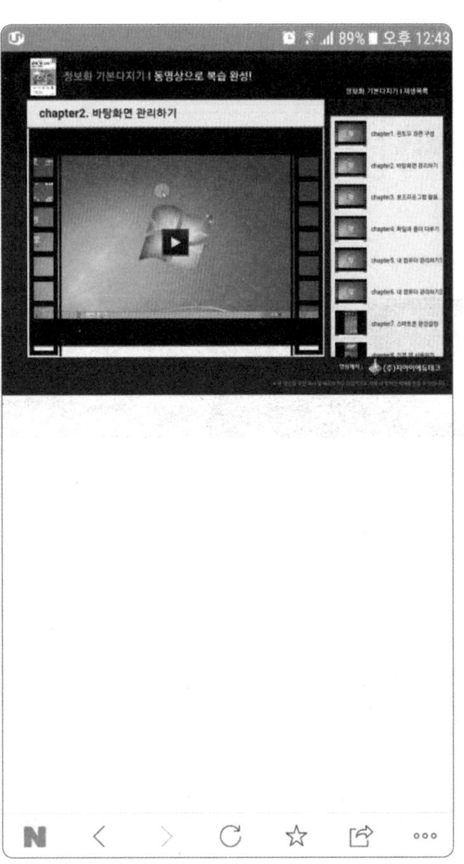

※ 네이버 앱으로 인식이 잘 안될 때는 QR Droid 앱을 사용해 보세요.

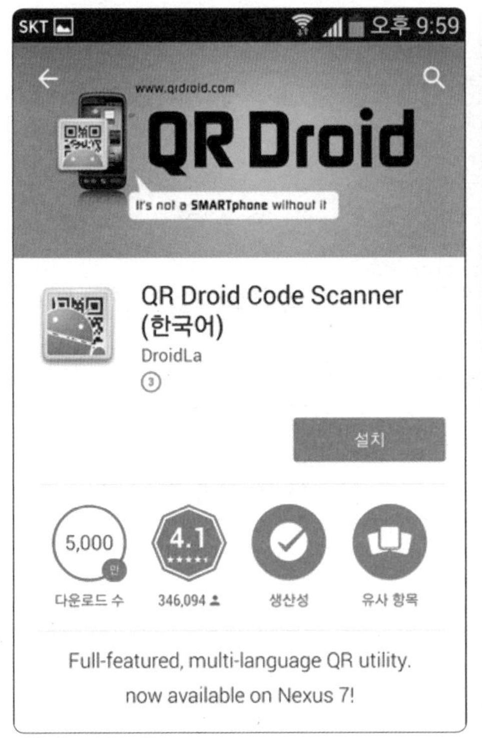

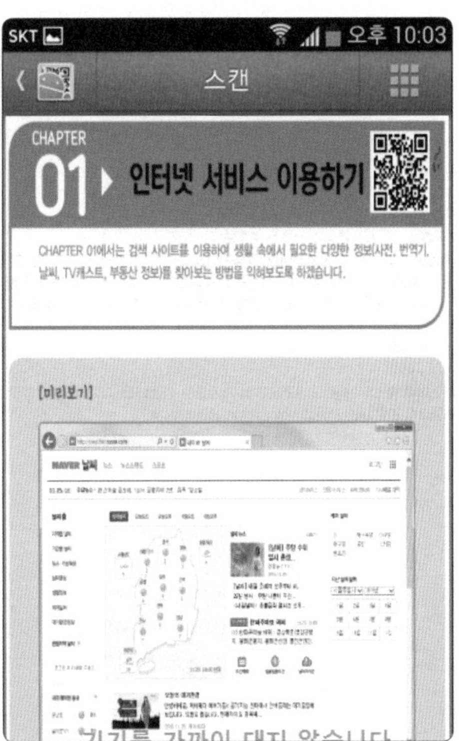

★ **본 책의 예제를 실습해 보기 위한 준비 작업입니다. 다음의 방법으로 파일을 옮겨 놓은 후 학습을 시작하세요.**

1. 인터넷 사이트의 검색 창에 **'아이콕스'**를 입력하고 **'검색'**을 클릭합니다.

2. 하단에 나오는 **도서출판 아이콕스**의 홈페이지 주소를 클릭합니다.

3. 아이콕스 홈페이지가 열리면 상단의 **'자료실'**에 마우스를 올려 놓고, 아래에 표시되는 하위 메뉴에서 **'도서부록소스'**를 클릭합니다.

4. 목록에서 **학습하고자 하는 책의 제목을 클릭**합니다. 상단에 있는 검색란에서 도서명을 검색해도 됩니다.

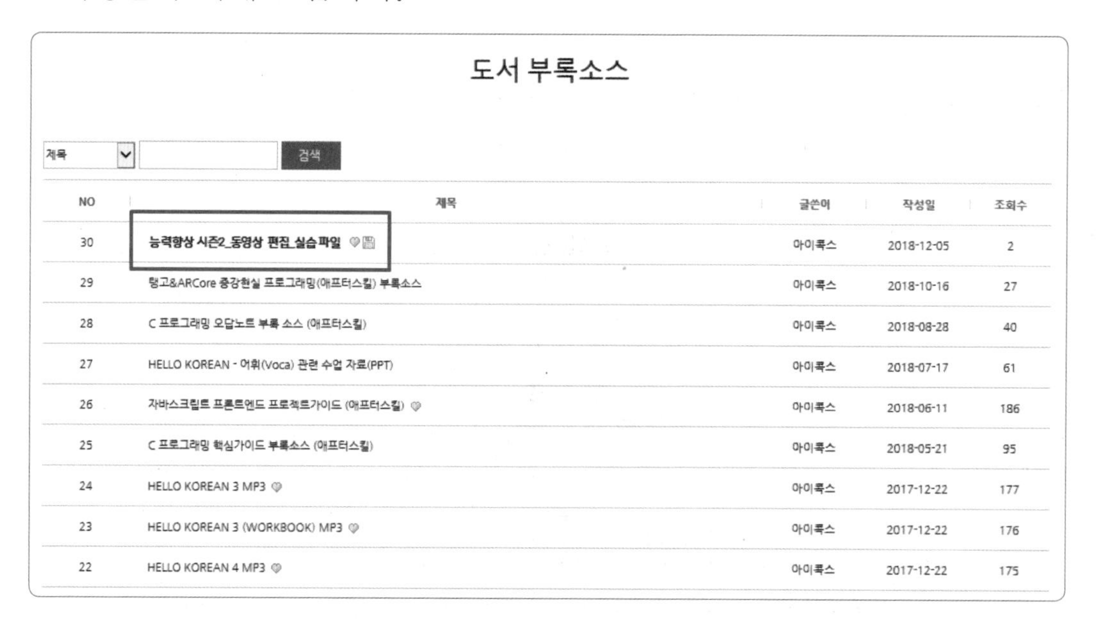
도서 부록소스

제목 ▾ [검색]

NO	제목	글쓴이	작성일	조회수
30	능력향상 시즌2_동영상 편집_실습파일	아이콕스	2018-12-05	2
29	탱고&ARCore 증강현실 프로그래밍(애프터스킬) 부록소스	아이콕스	2018-10-16	27
28	C 프로그래밍 오답노트 부록 소스 (애프터스킬)	아이콕스	2018-08-28	40
27	HELLO KOREAN - 어휘(Voca) 관련 수업 자료(PPT)	아이콕스	2018-07-17	61
26	자바스크립트 프론트엔드 프로젝트가이드 (애프터스킬)	아이콕스	2018-06-11	186
25	C 프로그래밍 핵심가이드 부록소스 (애프터스킬)	아이콕스	2018-05-21	95
24	HELLO KOREAN 3 MP3	아이콕스	2017-12-22	177
23	HELLO KOREAN 3 (WORKBOOK) MP3	아이콕스	2017-12-22	176
22	HELLO KOREAN 4 MP3	아이콕스	2017-12-22	175

자료 다운로드

5. 실습 파일이 첨부되어 있는 것을 확인할 수 있습니다.

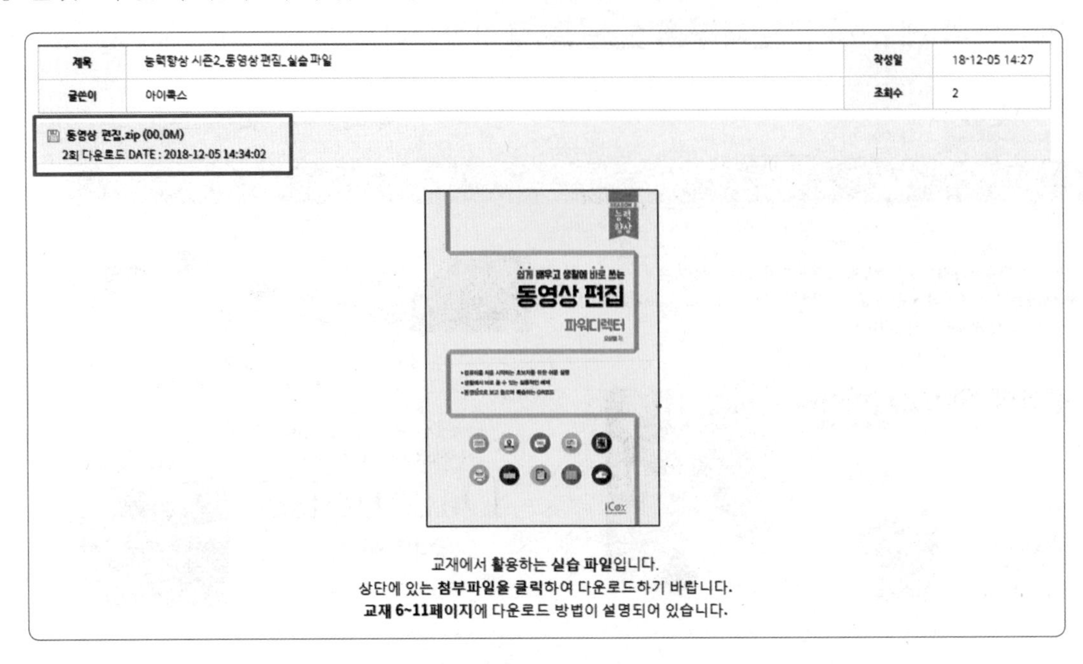

6. 첨부된 실습 파일의 **파일명을 클릭**하면 하단에 **저장하기 바**가 나타납니다.

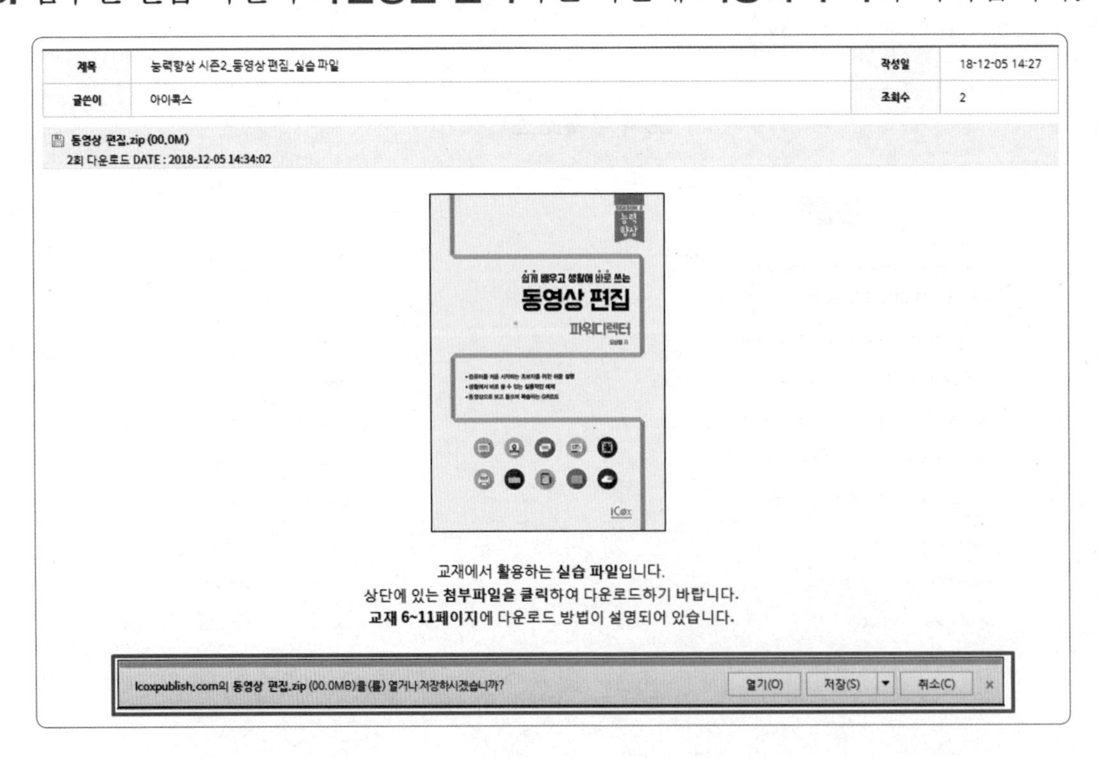

7. 저장(S) 버튼의 우측에 있는 **삼각형 부분**을 클릭하고, **'다른 이름으로 저장(A)'**을 클릭합니다.

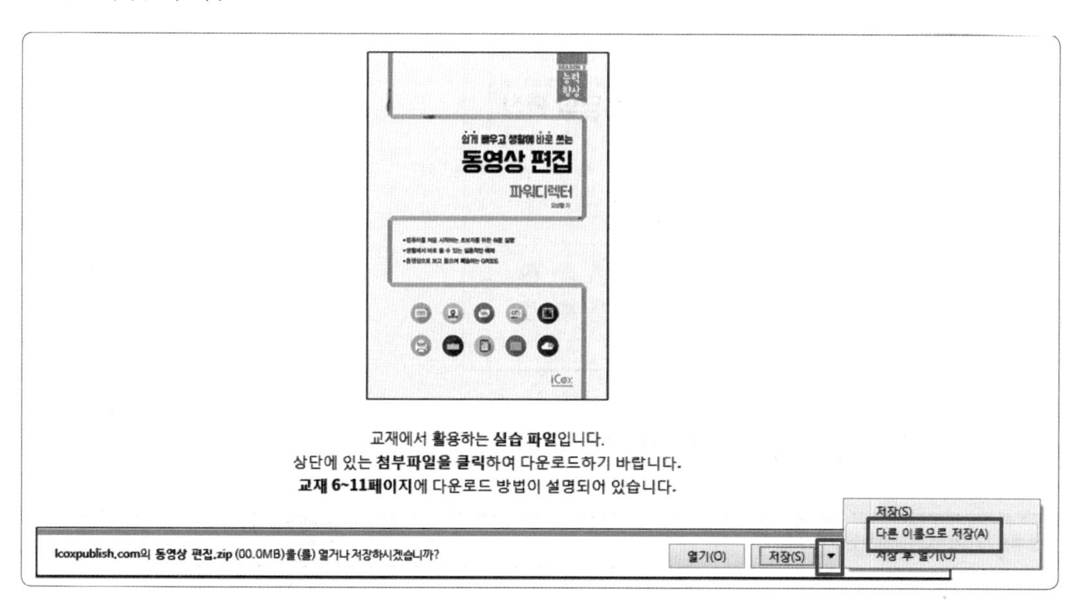

8. 다른 이름으로 저장 창이 표시되면 좌측의 **'로컬 디스크(C:)'**를 클릭한 후, 하단에 있는 **'저장'** 단추를 클릭하면 실습 파일이 저장됩니다.

9. 다운로드가 완료되었다는 메시지가 나타나면 '**폴더 열기**' 단추를 클릭합니다.

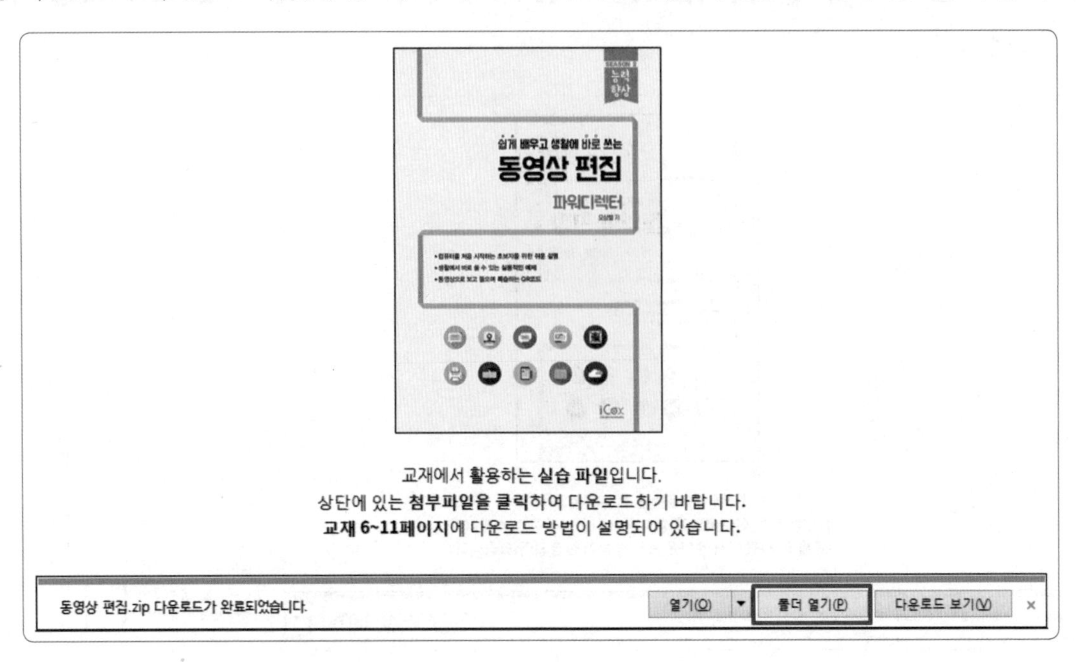

10. 실습 파일을 저장한 경로의 폴더, 즉 '**로컬 디스크(C:)**'가 자동으로 열리고 다운로드한 파일을 확인할 수 있습니다.

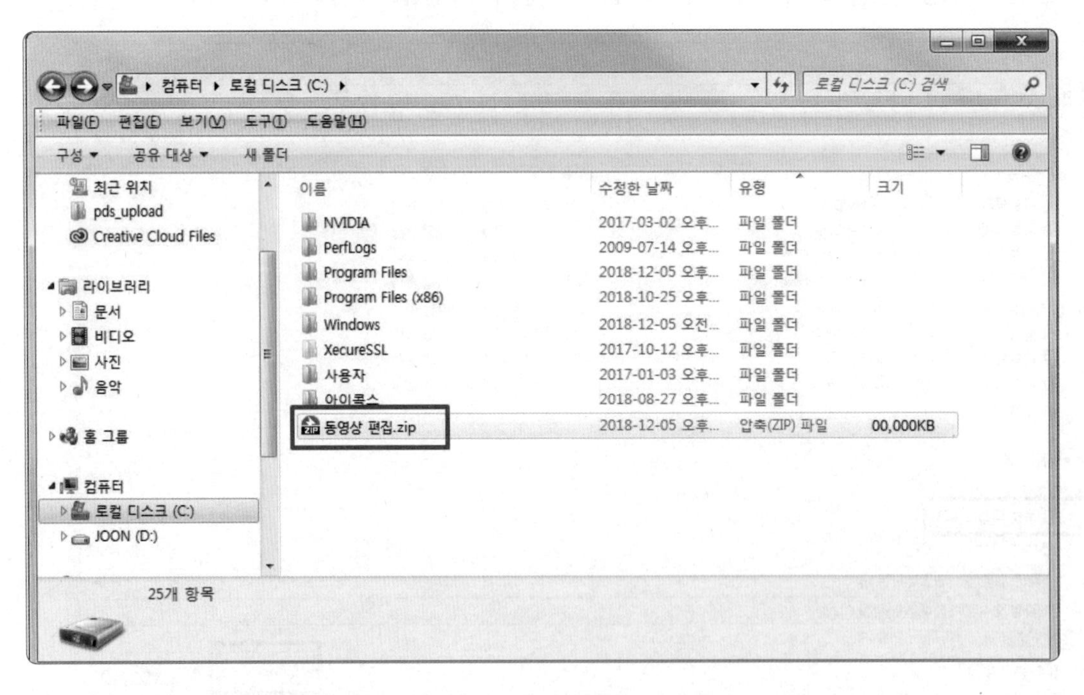

11. 실습 파일의 압축을 해제하기 위해, 다운로드한 파일을 **마우스 오른쪽 단추**로 클릭한 다음 '**동영상 편집₩에 풀기**'를 선택합니다. 컴퓨터에 설치된 압축 프로그램의 종류에 따라 다른 형태의 메뉴가 표시되기도 합니다.

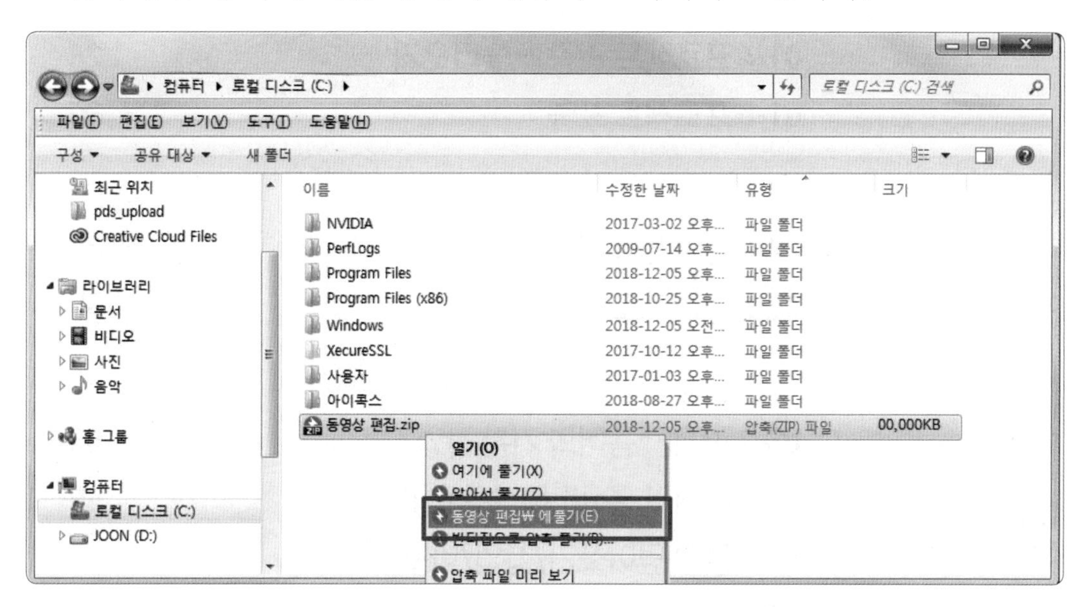

12. 압축 해제가 완료되면 실습 파일명과 동일한 이름의 폴더가 생성됩니다.

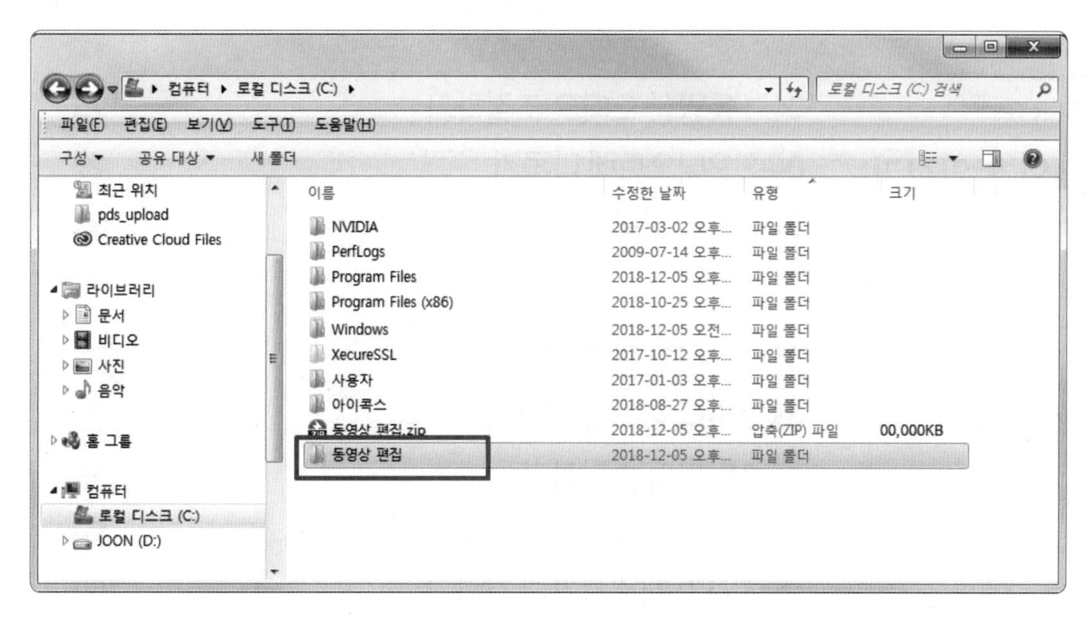

폴더 안에 예제에서 사용할 실습 파일들이 담겨져 있으므로, 본 책의 내용에 따라 필요할 때 사용할 수 있습니다.

목차

CHAPTER 01 ▶

설치와 화면 구성 알아보기

CHAPTER 01-1 파워디렉터 다운로드와 설치하기

01 네이버 사이트를 열어준 후 검색 상자에서 "**네이버 소프트웨어**"를 검색합니다.

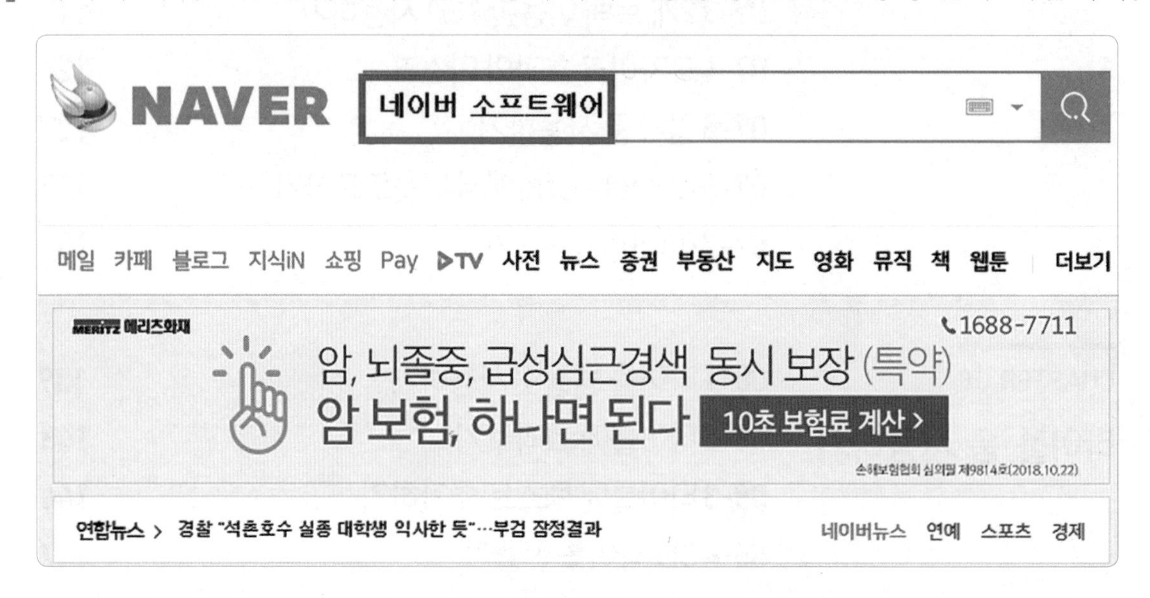

02 검색된 결과에서 **네이버 소프트웨어**를 클릭합니다.

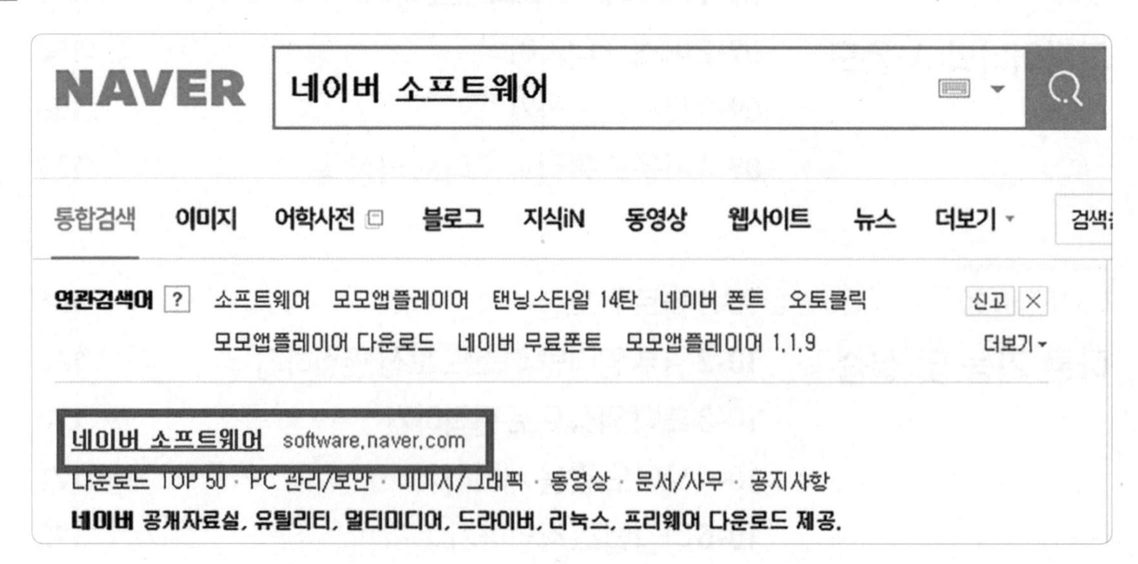

03 네이버 소프트웨어에서 "파워디렉터"를 검색한 후 **파워디렉터 15(PowerDirector15)**를 클릭합니다. 파워디렉터 16은 1개월 평가판으로 기능에 제한이 있으므로 파워디렉터 15로 연습을 한 후 숙달되면 정품을 구매하시는 것이 좋습니다.

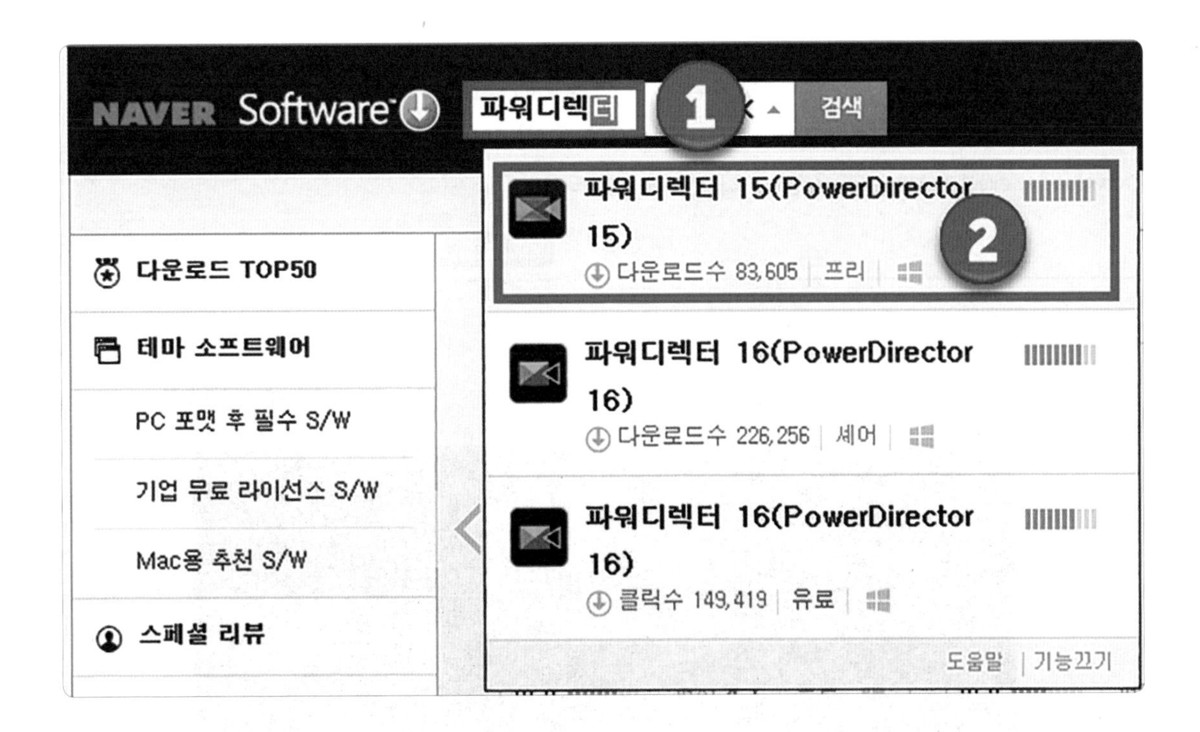

04 무료 다운로드를 클릭합니다.

05 확인 후 다운로드를 클릭한 후 다운로드를 클릭하고 한 번 더 다운로드를 클릭합니다.

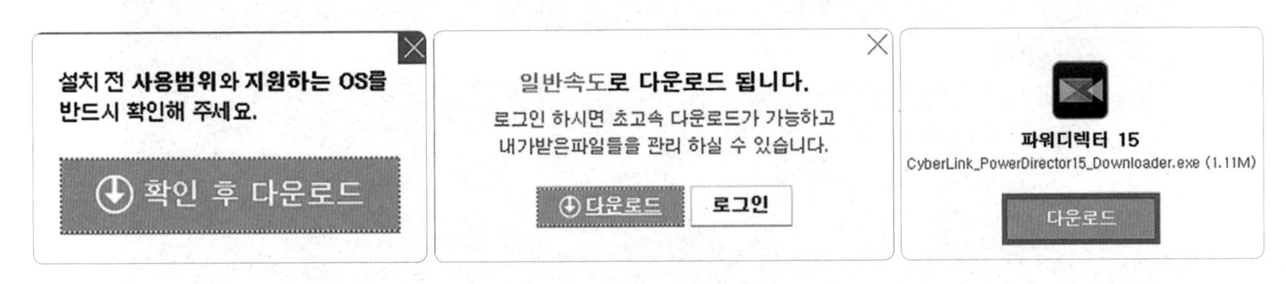

06 화면 하단 알림 표시줄에 다운로드가 완료되면 **실행**을 클릭합니다.

07 CyberLink PowerDirector 다운로더가 받아졌습니다. **지금 설치**를 클릭합니다.

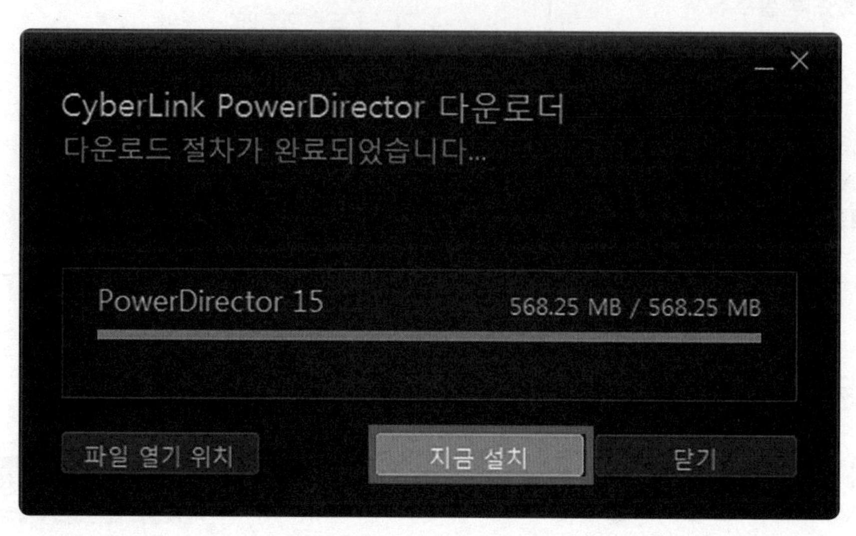

08 PowerDirector 설치 마법사를 시작합니다. 언어는 한국어, 위치는 현재 상태로 그대로 두고 **다음**을 클릭합니다.

09 사용권 계약 화면이 나오면 읽어보고 **동의함**을 클릭합니다.

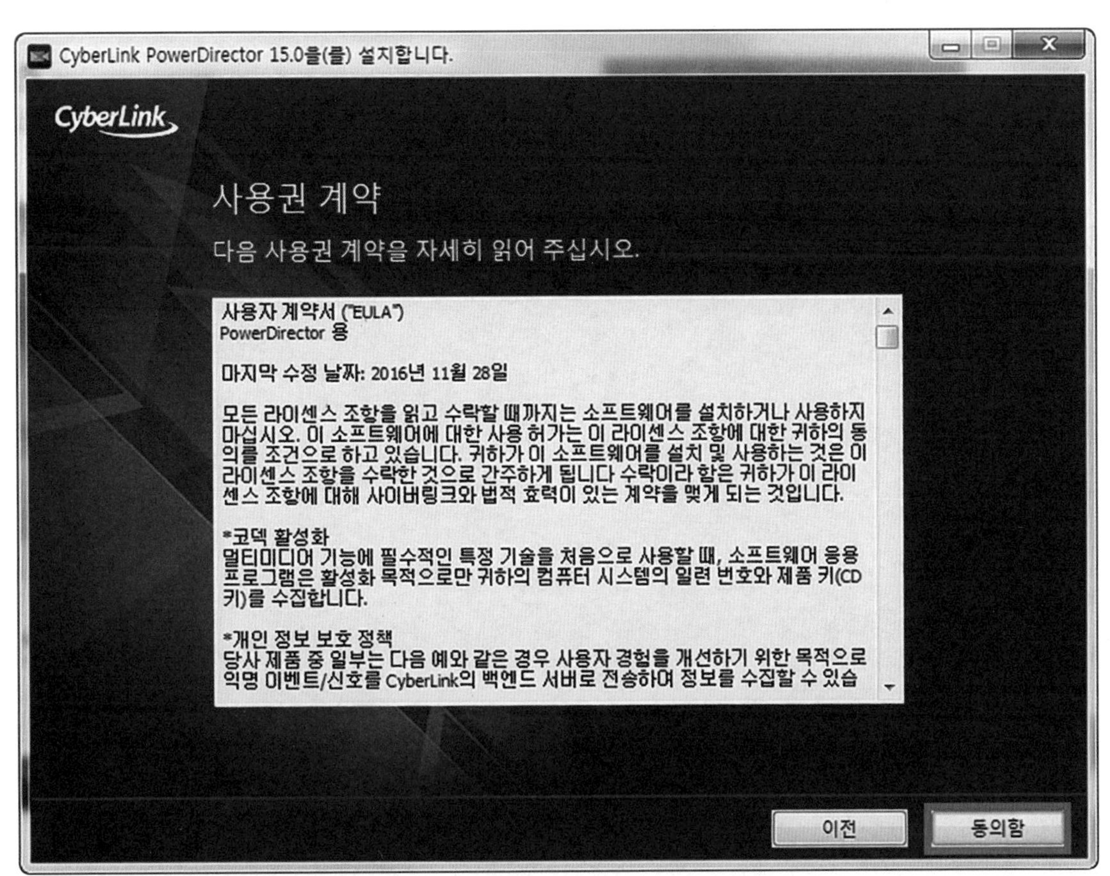

10 설치가 진행되는 과정이 표시됩니다.

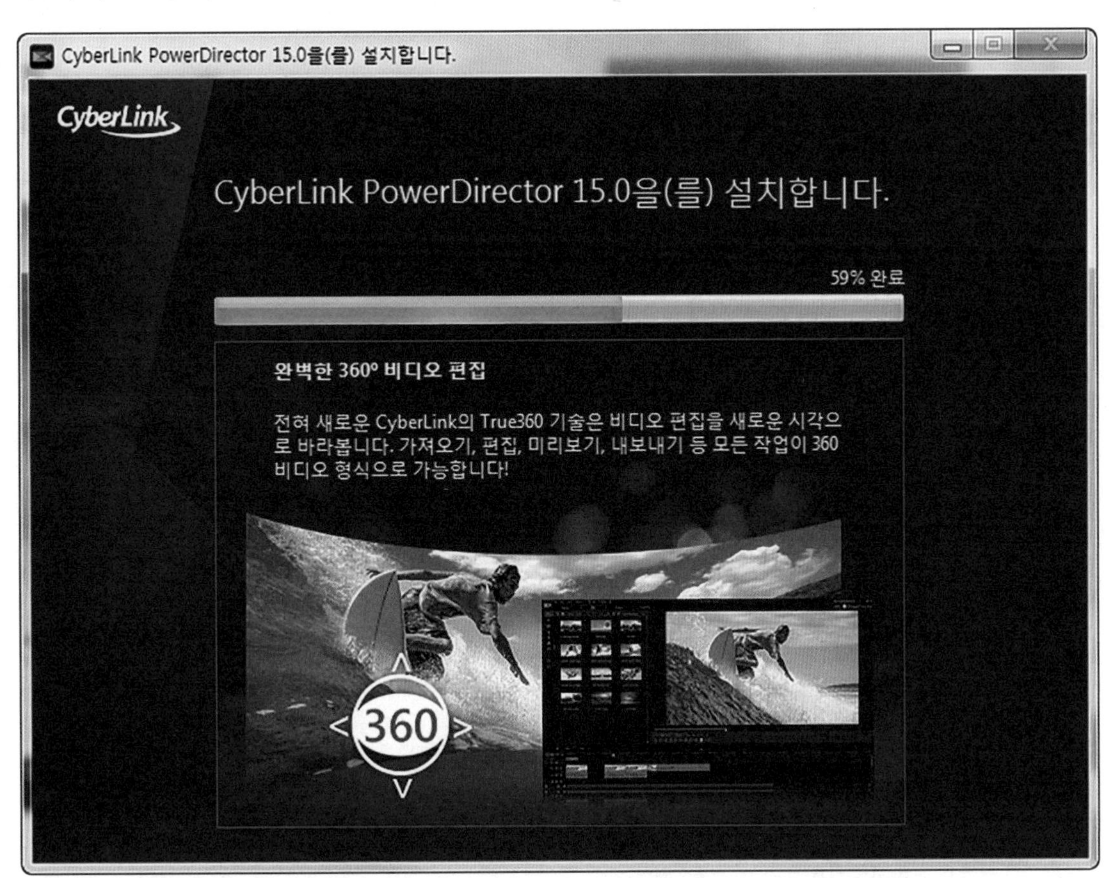

11 설치가 완료되었다는 대화상자가 나오면 **PowerDirector 실행**을 클릭합니다.

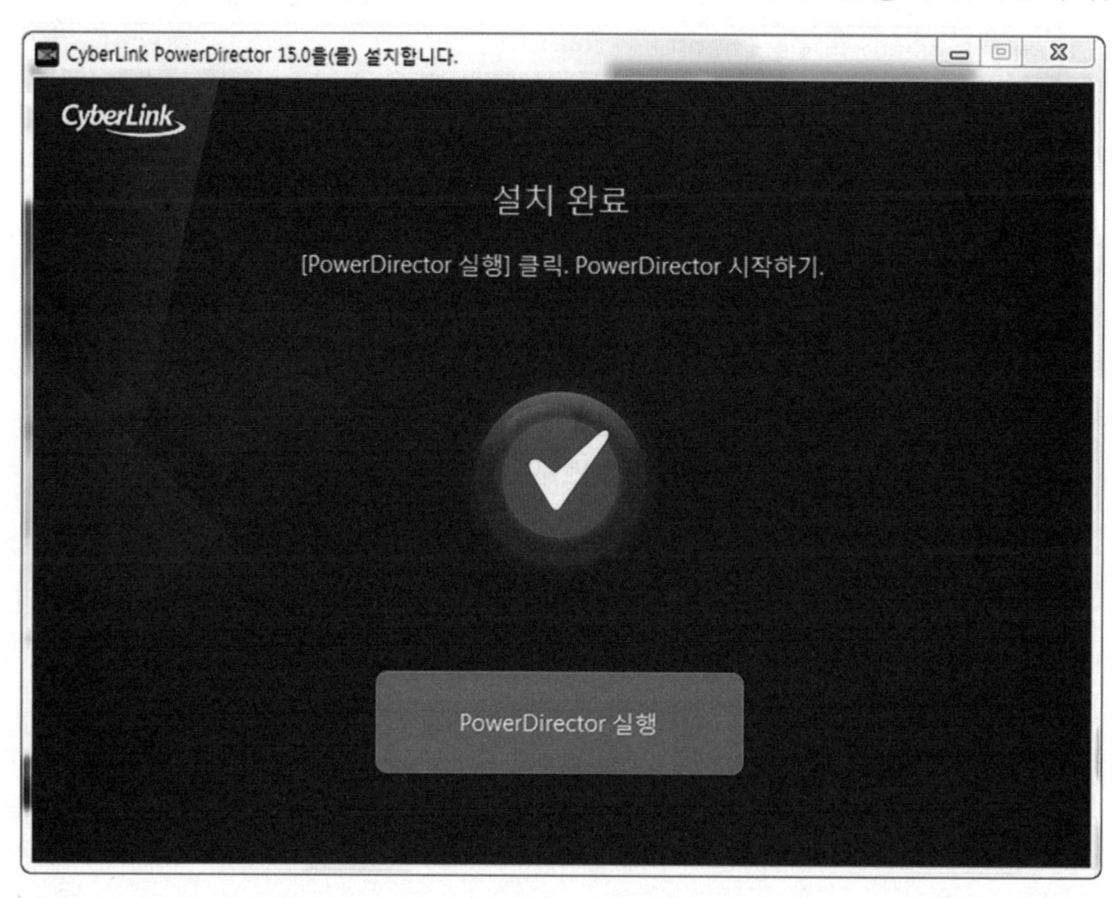

12 파워디렉터 15가 실행되면 아래와 같이 6개 항목을 선택해서 작업할 수 있습니다. 여기에서는 **최대 기능 편집기**를 클릭합니다.

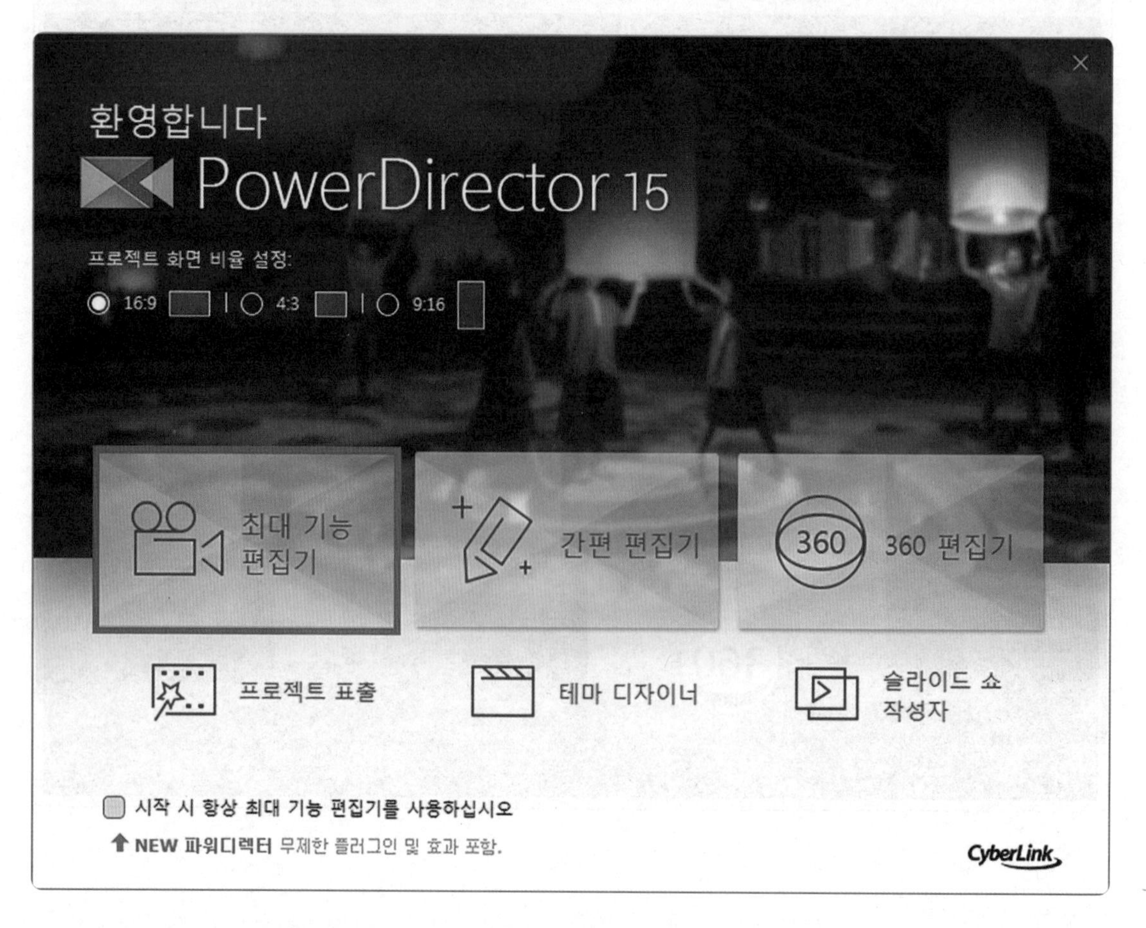

13 제작사에서 배포한 정품 **Key번호**를 입력한 후 **다음**을 클릭하면 파워디렉터 15가 활성화 됩니다.

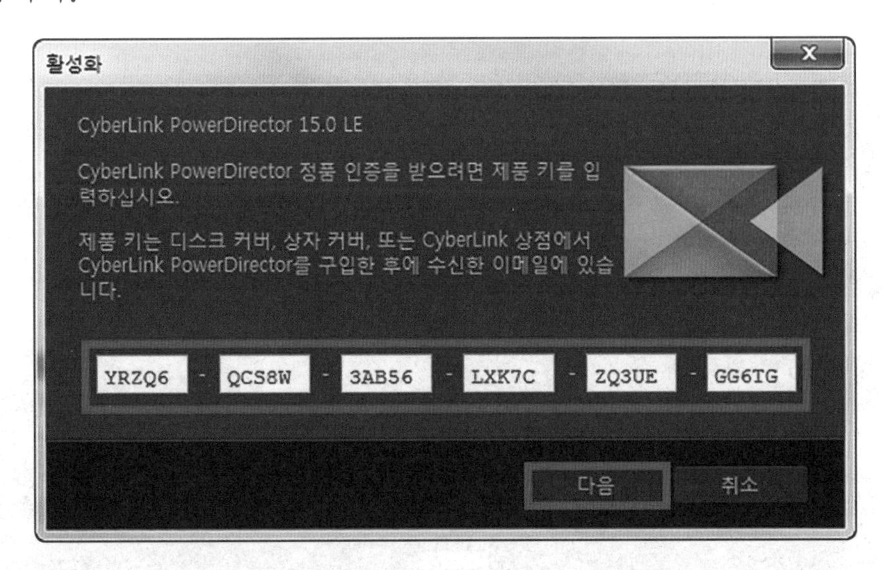

YRZQ6-QCS8W-3AB56-LXK7C-ZQ3UE-GG6TG

> **제품 키가 활성화되지 않는다면?**
>
> 제작사에서 공개한 제품 키가 너무 많이 사용되어 활성화되지 않는다면, **유튜브(www.youtube.com)**에 접속하여 "파워디렉터 15 설치"를 검색합니다. 사용자가 등록해 놓은 동영상을 참고하여 따라하면 파워디렉터 15를 정상적으로 사용할 수 있습니다.

14 파워디렉터 15가 실행된 첫 화면입니다.

CHAPTER 01-2 화면 구성 살펴보기

❶ 룸(ROOM)

미디어 룸	미디어 컨텐트(클립)를 라이브러리로 불러와 사용하는 곳으로 동영상 편집에 사용하는 모든 비디오, 오디오, 이미지 파일 그리고 미리 제공되는 컬러 보드를 이용할 수 있습니다.
효과 룸	프로젝트의 비디오 파일과 이미지에 사용되는 특수 효과 라이브러리를 사용할 수 있습니다.
PiP 개체 룸	마스터 트랙의 비디오나 이미지 위에 추가된 그래픽 라이브러리를 사용할 수 있으며 유형은 정적 그래픽, 클립 사이를 이동하는 모션 그래픽, 클립의 프레임에 추가된 장식 테두리, 손그림, 3D 등을 사용할 수 있습니다.
입자 룸	효과 라이브러리를 사용할 수 있으며 PiP트랙에 추가되며 마스터 트랙에서 비디오나 이미지의 위에 입자효과(눈, 먼지, 연기 등)를 추가합니다.
타이틀 룸	편집 작업에서 intro, 엔딩, 화면의 추가적인 설명 등을 추가할 수 있는 타이틀 라이브러리를 사용할 수 있습니다.

전환 룸	프로젝트의 비디오 또는 이미지 클립 사이에 사용하여 편집을 부드럽고 효과적으로 만드는 전환 라이브러리입니다.
오디오믹싱 룸	프로젝트의 모든 오디오 트랙을 믹싱할 수 있습니다.
음성해설 녹음 룸	재생 중인 비디오를 감상하면서 음성 해설을 기록할 수 있습니다.
챕터 룸	프로젝트의 챕터 마커를 설정 할 수 있는데 최종 디스크에 챕터를 설정하면 메뉴 페이지에서 설정한 챕터 마커로 바로 이동할 수 있습니다.
자막 룸	비디오 작품에 수동으로 또는 TXT나 SRT 파일을 가져옴으로써 자막을 추가할 수 있습니다.

❷ 라이브러리 창

라이브러리 창에는 비디오, 이미지 및 오디오 파일을 포함하여 파워디렉터에 있는 모든 미디어가 포함됩니다. 다른 룸(효과, PiP 개체 등)에 있을 때에는 미디어에 적용한 효과, 타이틀 및 전환이 포함됩니다.

라이브러리 창에 표시되는 미디어 컨텐트와 사용 가능한 단추는 현재 위치한 룸에 따라 다릅니다.

❶ 파일탐색기 버튼을 클릭하면 위와 같은 화면이 전개되는데 ❷미디어 컨텐트를 클릭한 것과 동일한 목록이 나오게 됩니다.

❷ 미디어 컨텐트를 클릭하면 컬러보드, 배경, 다운로드함이 나오게 됩니다.

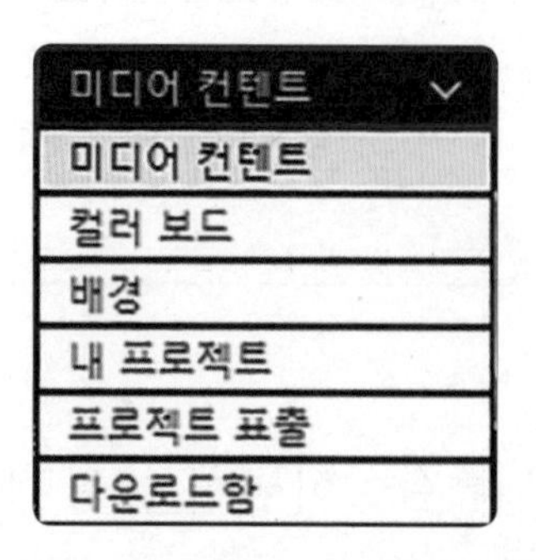

❸ 모든 미디어, 비디오, 오디오, 이미지, 3D 이미지를 골라서 라이브러리에 볼 수 있습니다.

❹ 라이브러리 창 위에 있는 슬라이더를 사용해 라이브러리의 미디어 썸네일 크기를 조정합니다.

❸ 미리보기 창

비디오 작품을 만드는 동안 미리보기 창에서 편집중인 내용을 미리 확인해 볼 수 있습니다. 미리보기를 할 때 **클립**이 선택되어 있으면 해당하는 동영상 클립만 재생되고 끝납니다. 프로젝트 전체를 재생하려면 **동영상**을 선택한 후에 미리보기를 하면 됩니다.

▷ 재생하기 ‖ 일시정지(재생중일 때 이렇게 버튼이 변경됩니다)

□ 정지하기 ◁| 이전 프레임

탐색기준 설정하기(프레임 또는 초, 분, 장면, 자막, 세그먼트 단위로 변경할 수 있으며 이전 프레임, 다음 프레임에 관계가 있습니다)

다음 프레임 / 빨리 감기
스냅샷 / 미리보기품질/디스플레이 옵션 설정
볼륨 / 3D 표준 2D 미리보기, 3D 모드 자동 탐지
전체화면

클립 트랙에 삽입된 1개의 사진, 1개의 동영상

동영상 트랙에 삽입된 전체의 클립들

00;00;00;00 클립이나 동영상의 현재 시간

맞춤 ▼ 미리보기 화면을 모니터 화면에 확대/축소하는 기능

❹ 편집 작업 영역

편집 작업 영역은 미디어, 다양한 효과, 전화 및 타이틀을 추가하여 프로젝트를 만드는 곳으로, 타임라인과 스토리보드 두 가지 방식으로 작업할 수 있습니다. 전체적인 구성을 확인하려면 '스토리보드'를 클릭하고, 세부적인 편집을 위해서는 '타임라인'을 클릭합니다.

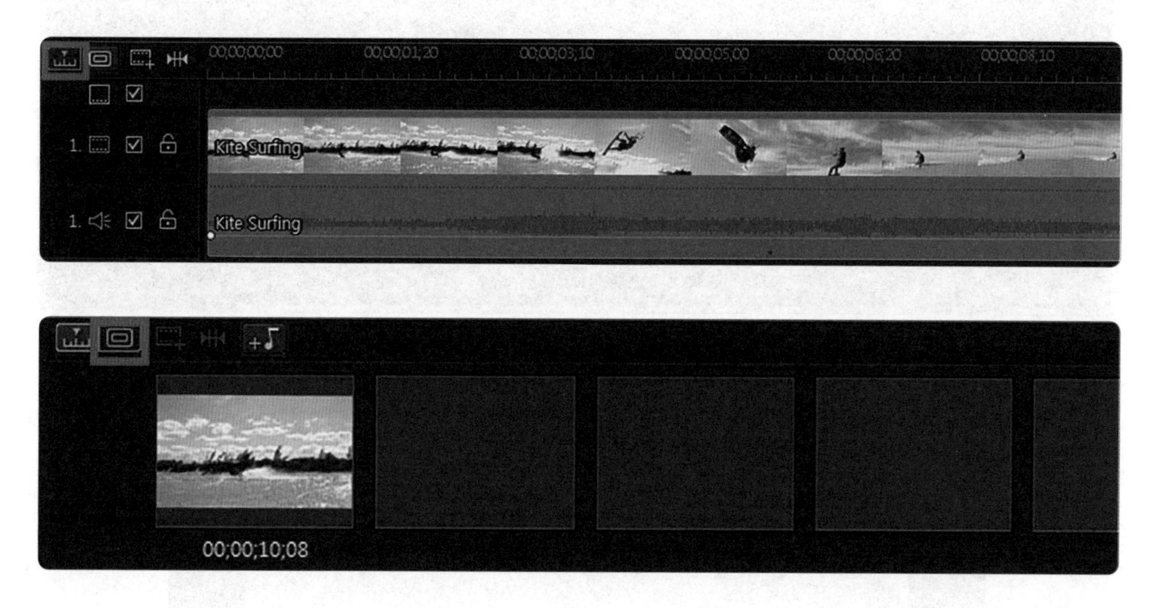

CHAPTER 01-3 프로젝트 만들기

01 파워디렉터를 새로 시작하면 프로젝트가 새로 시작됩니다. 샘플로 제공된 라이브러리 미디어 컨텐트에서 **Kite Surfing.wmv** 영상 클립을 클릭한 후 **선택한 트랙에 삽입**을 클릭합니다.

02 미리보기 창에서 **재생**을 눌러서 영상을 감상한 후 **시간표시마커**가 처음으로 이동되어 있는 것을 확인합니다.

03 시간표시마커의 위치에 따라 미디어 컨텐트가 들어갈 위치가 정해지므로 항상 유의해서 마커를 이동해주면서 작업해야 합니다. 여기서는 동영상 뒤에 사진을 추가하기 위해 시간이 표시된 마지막 부분에 클릭합니다. 클립을 선택한 뒤 End 키를 눌러도 됩니다.

04 아래와 같이 이미지 컨텐트를 4장 선택한 후 **선택한 트랙에 삽입**을 클릭해서 타임라인으로 추가합니다. (이미지를 여러 개 선택할 때는 Ctrl 키를 누르고 있는 상태에서 원하는 사진을 클릭하면서 선택합니다. 연속적으로 나열된 사진을 선택할 때는 Shift 키를 사용합니다.)

05 추가된 이미지가 타임라인에 아래와 같이 순서대로 되어있습니다.

CHAPTER 01-4 프로젝트 저장과 불러오기

01 앞의 과정에 이어 계속 작업을 진행합니다. **파일 → 다른 이름으로 프로젝트 저장**을 차례대로 클릭합니다.

02 **로컬 디스크(C:)**를 더블클릭해서 **파워디렉터**란 폴더를 만들어준 후 만들어진 파워디렉터 폴더를 더블클릭합니다.

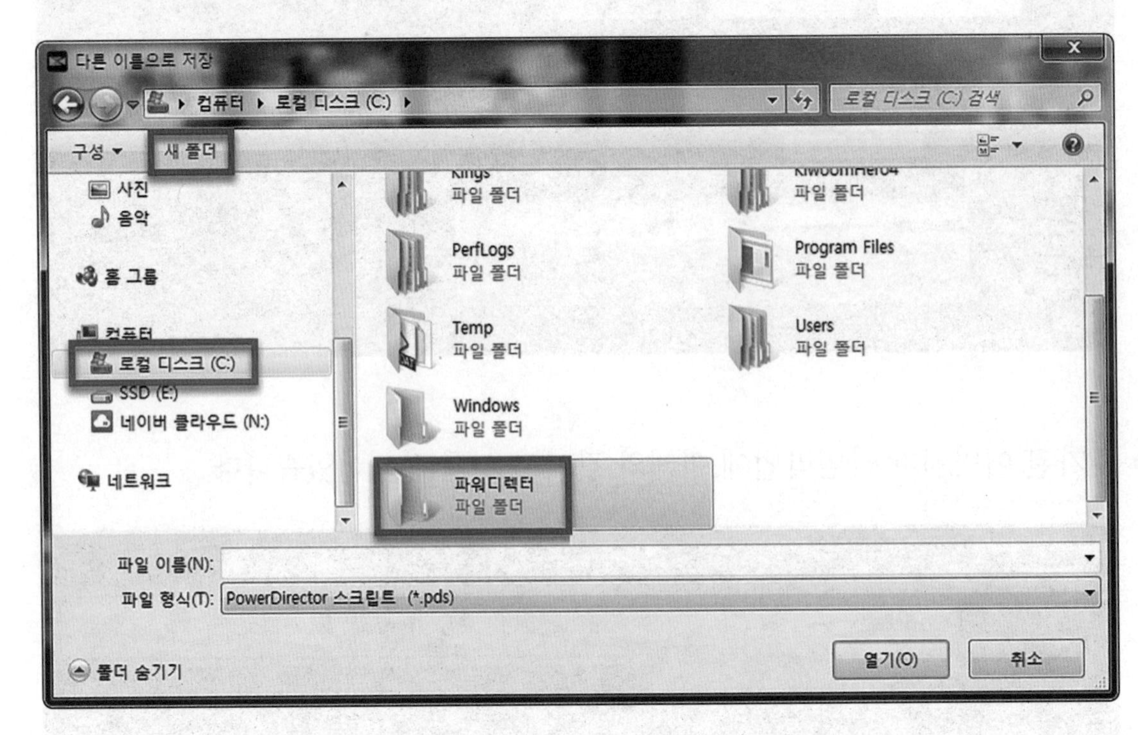

03 파일 이름에는 **"연습"** 이라고 입력한 후 **저장**을 클릭한 다음 파워디렉터를 끝냅니다.

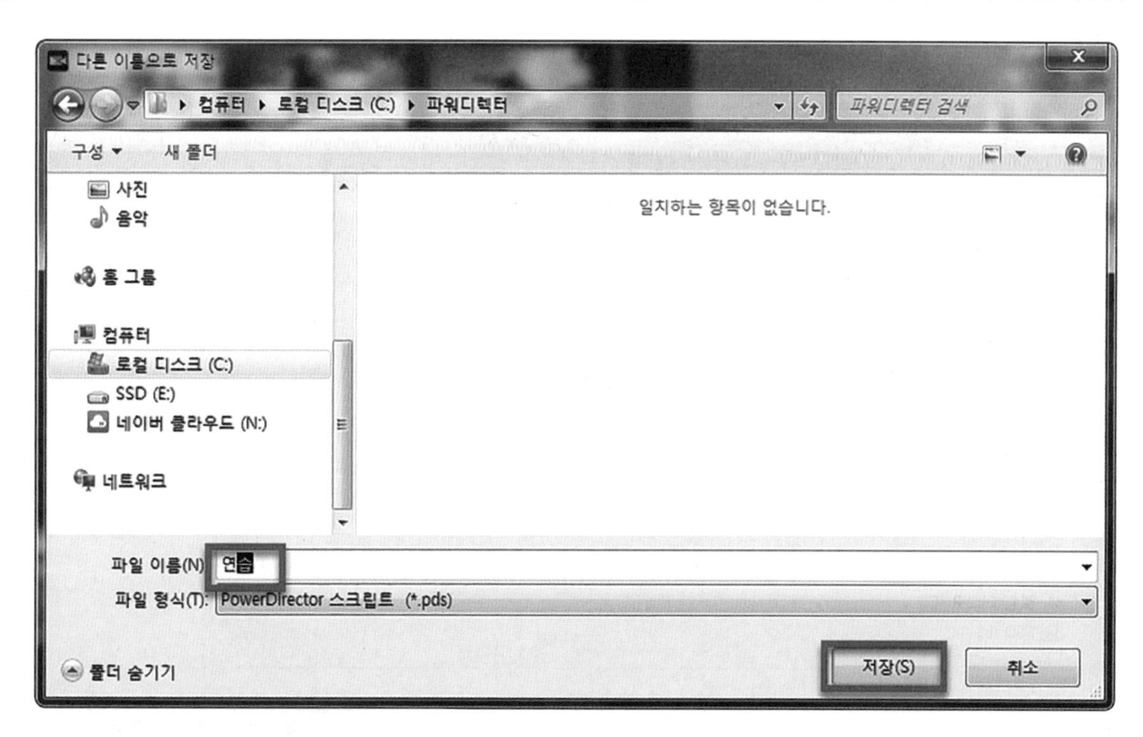

04 **파일 → 프로젝트 자료 압축**을 차례대로 클릭합니다. 여기서 말하는 자료 압축이라는 것은 지금 동영상편집에 사용한 클립들을 한 곳에 모은다는 의미입니다.

05 파일이 저장되었던 폴더를 그대로 선택합니다. 여기서는 **로컬디스크(C:) – 파워디렉터** 폴더를 선택합니다.

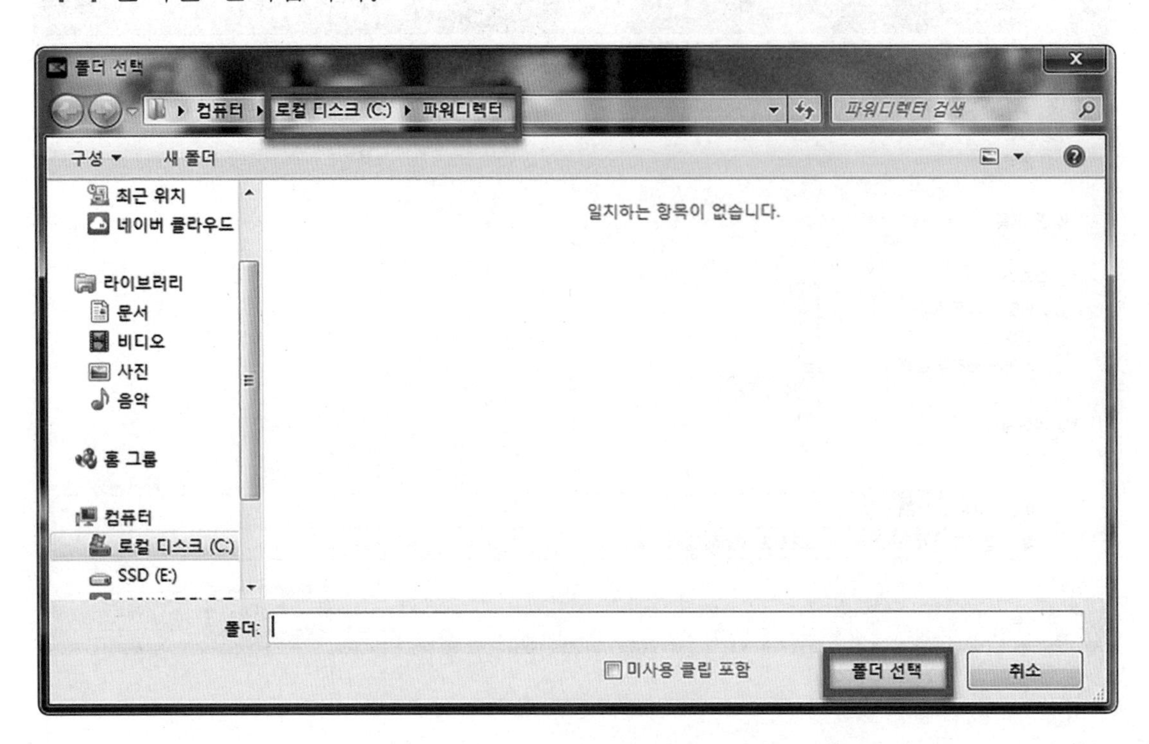

06 이미 원본 파일인 프로젝트 파일이 있다는 대화상자가 나오더라도 그냥 **예(Y)** 버튼을 클릭합니다.

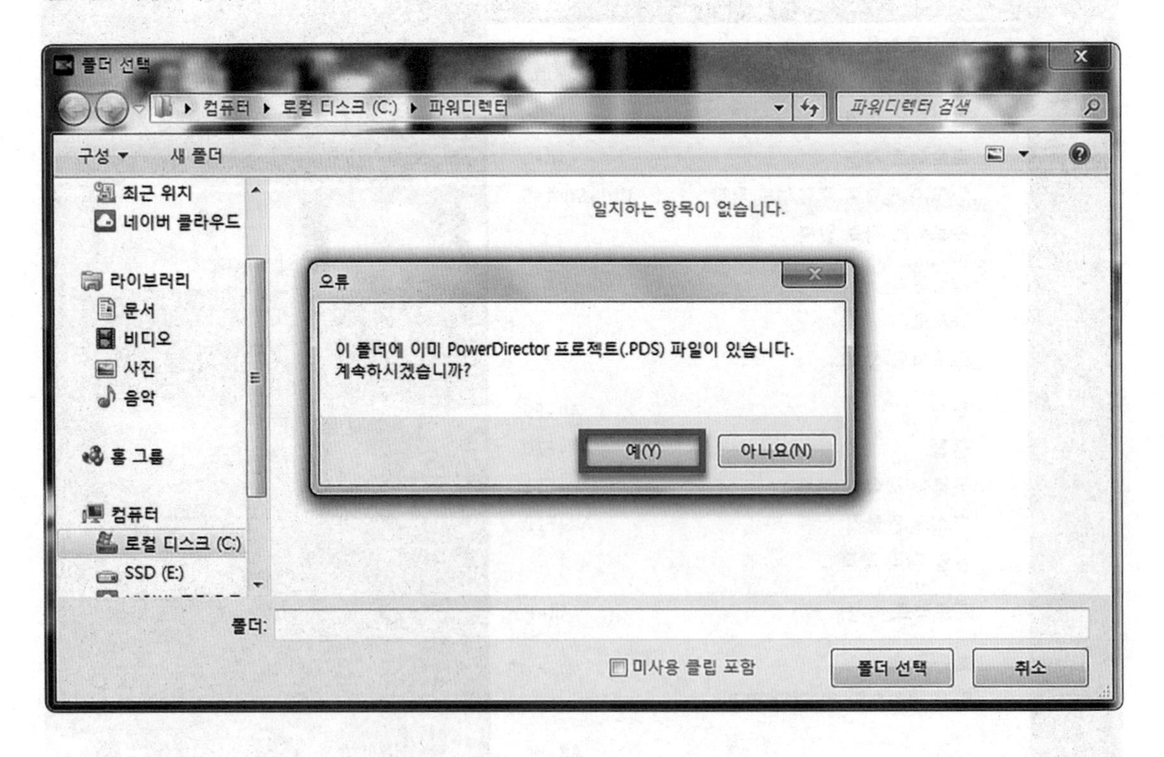

07 파워디렉터를 끝내고 바탕화면에서 **컴퓨터**를 더블클릭한 후 **로컬디스크(C:) → 파워디렉터** 폴더를 열어봅니다.

08 **연습.pds** 파일을 더블클릭해서 프로젝트 파일을 곧 바로 시작하거나 파워디렉터를 실행한 후 **파일 → 프로젝트 열기**를 차례대로 실행하여 연습.PDS 파일을 불러올 수 있습니다.

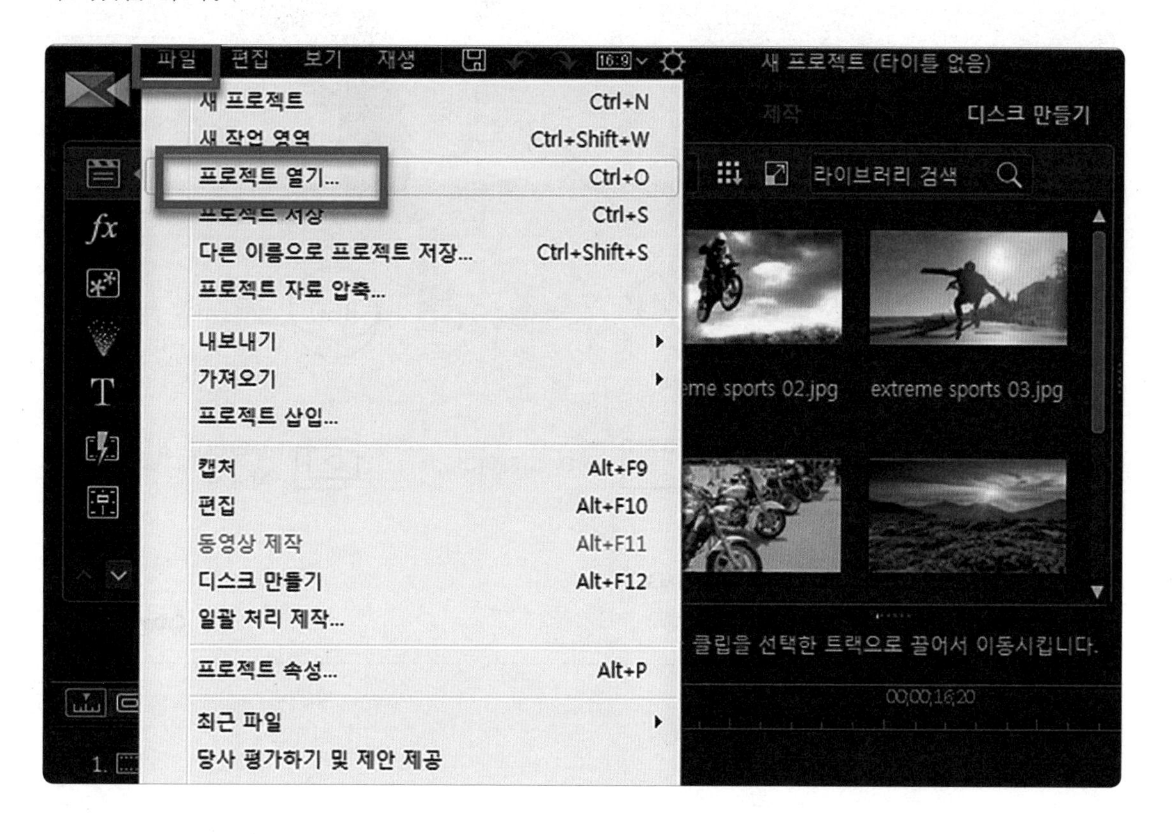

알고 넘어가기

프로젝트 파일은 완성된 영상이 아니라 편집 중인 파일로 웹, 메일, USB등에 저장 및 업로드해도 재생이 되지 않습니다. 프로젝트 파일에 포함된 미디어 클립들이 실제 포함되지 않고 미디어 클립이 존재하고 있는 위치, 즉 저장된 폴더 위치만을 기억하므로 프로젝트 파일을 다른 컴퓨터로 복사해서 열었을 때 모든 미디어 클립이 X로 나타나게 되므로 프로젝트를 다른 컴퓨터에서 작업하려면 관련 파일들을 모두 같은 폴더에 담아 해당 폴더를 통째로 복사해야 합니다.

CHAPTER 01-5 프로젝트 표출

01 파워디렉터는 Express Project란 기능을 가지고 있는데 미리 만들어둔 프로젝트를 이용해서 작업할 이미지, 동영상 클립만 플레이스 홀더(Place Hoder)에 드래깅만 해도 빠르게 영상을 만들 수 있습니다.

02 프로젝트 표출에 대한 사용 방법을 알려주는 대화상자가 나오면 **다시 표시하지 않음**에 체크한 후 닫기를 클릭합니다.

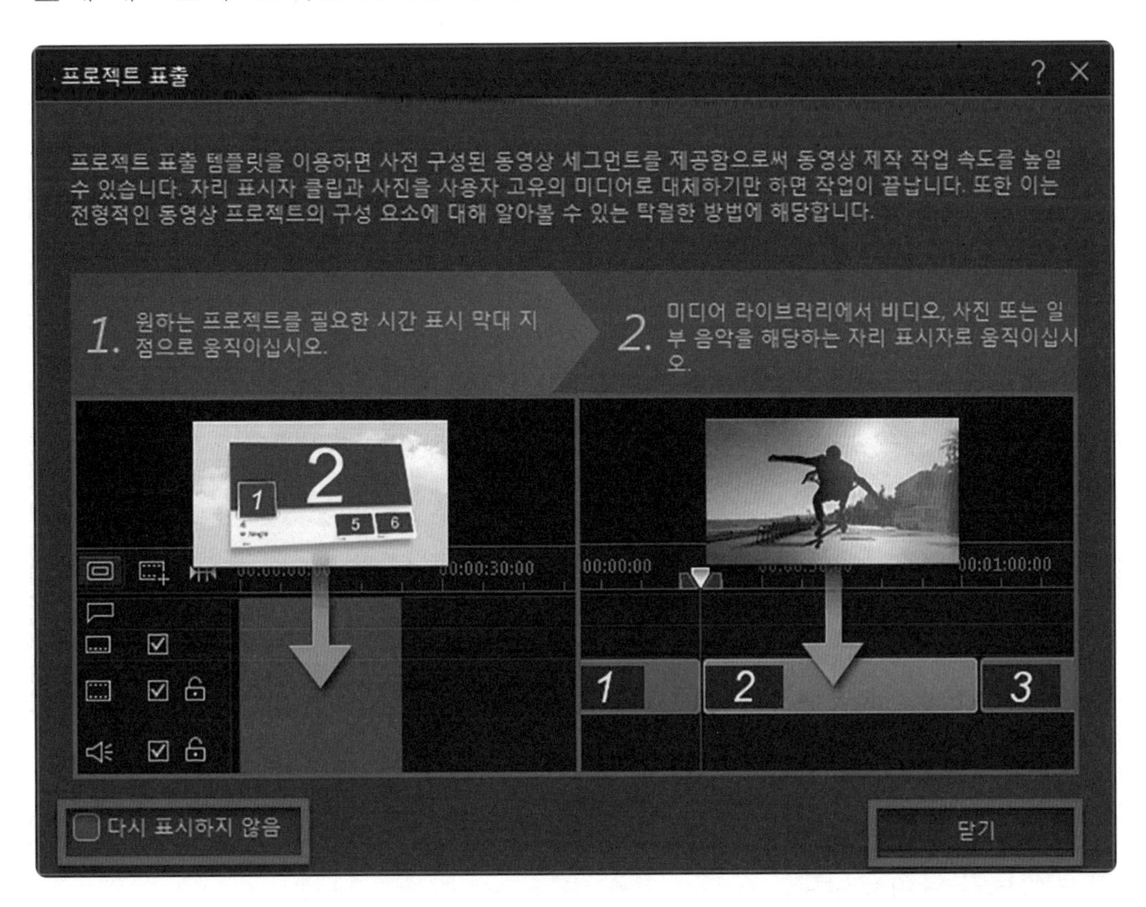

03 정품을 사용하면 다양한 프로젝트 표출이 주어지지만 지금은 하나만 있습니다. 선택한 후 오른쪽 미리보기 창에서 재생을 해봅니다.

04 미리보기를 재생하면 아래와 같이 영상과 타이틀, 음악이 어울리게 만들어진 것을 확인할 수 있습니다.

05 스포츠-열기 프로젝트가 선택된 상태에서 **트랙에 추가** 버튼을 클릭하면 만들어진 프로젝트가 나타납니다.

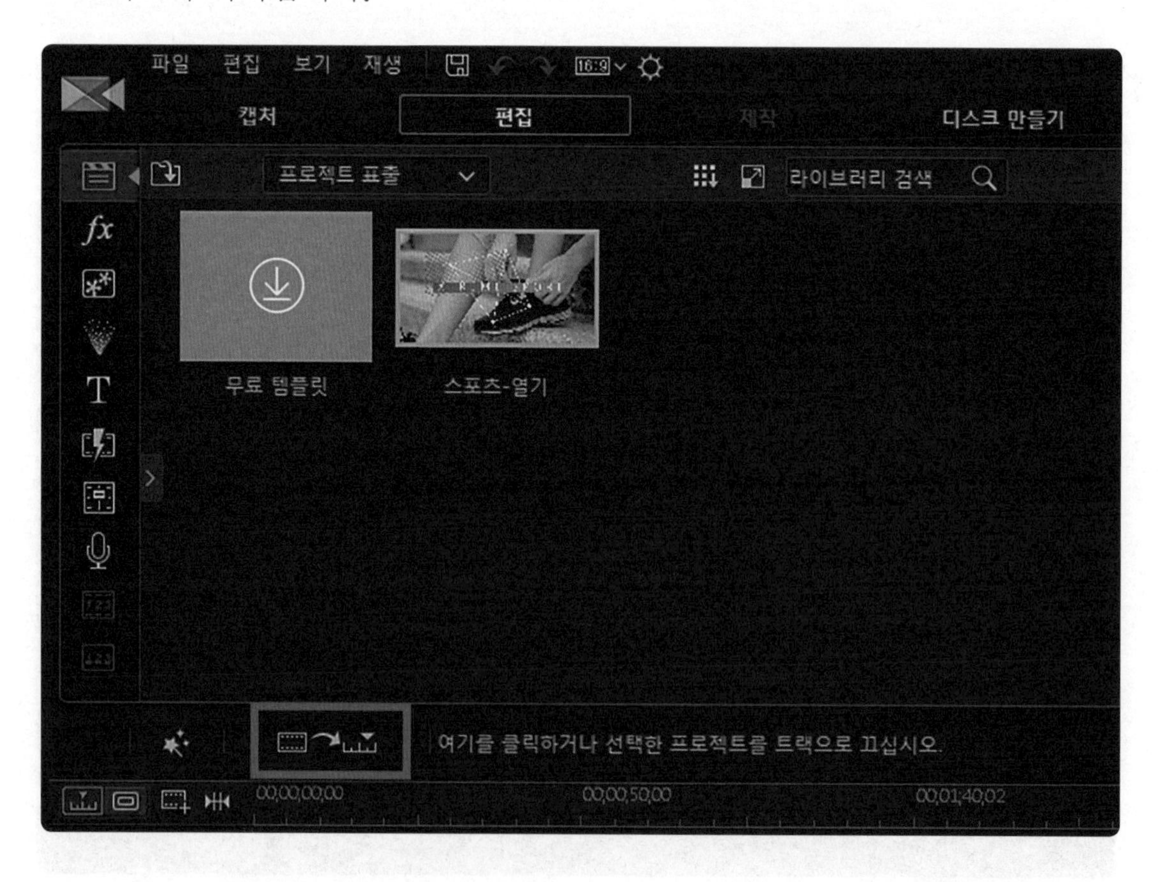

06 편집영역을 보면 각 트랙에 작업과정이 표출된 것을 확인할 수 있습니다. 지금부터 사용자의 클립을 대응해 보도록 합니다.

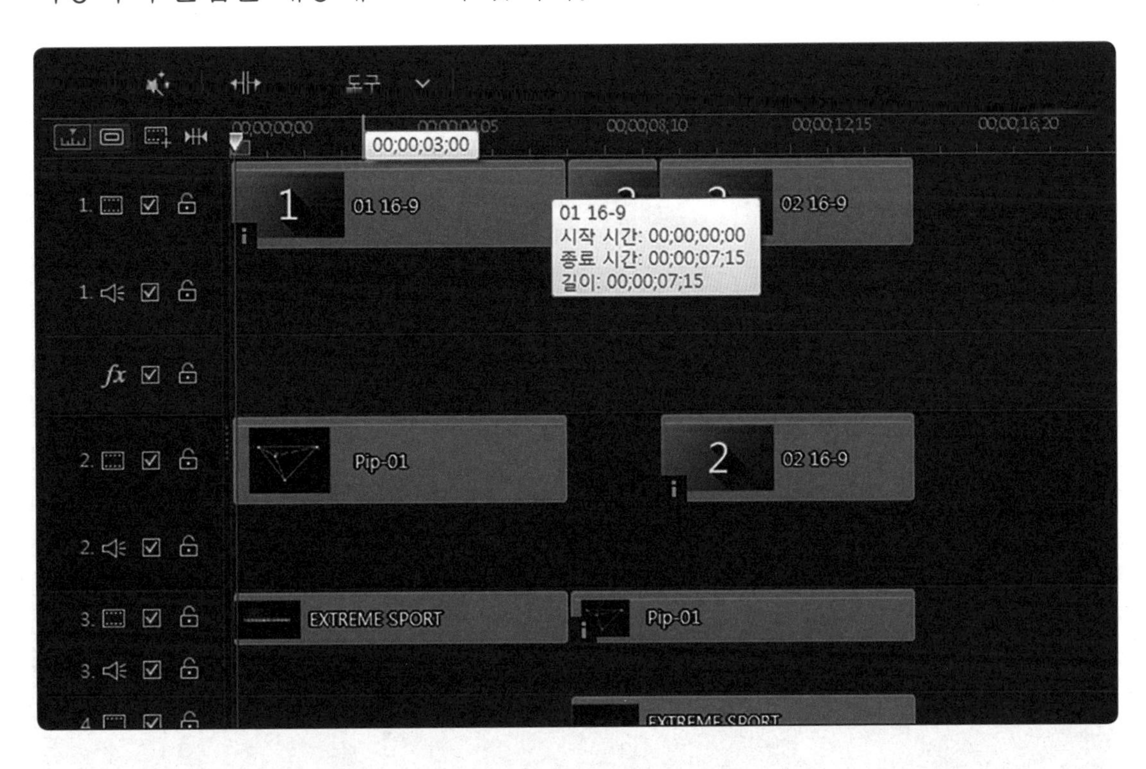

07 상단에 **프로젝트 표출** 드롭다운 버튼을 클릭해서 **미디어 컨텐트**를 선택해서 샘플로 준비된 것을 불러옵니다.

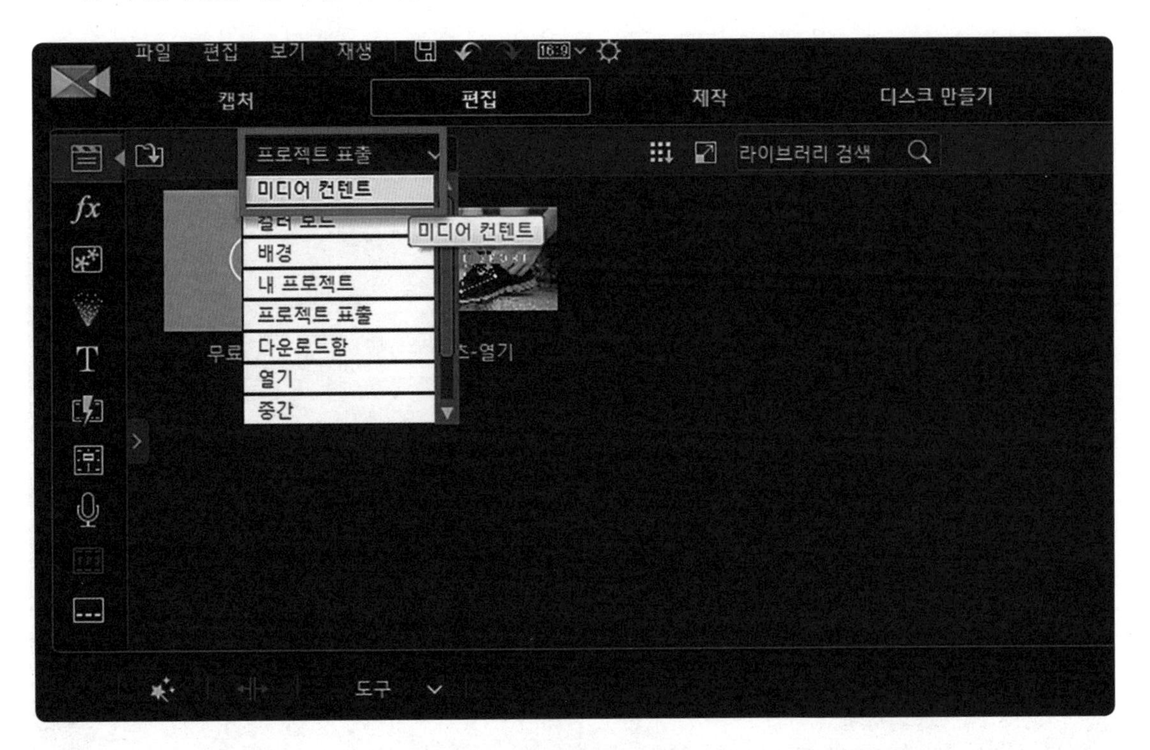

08 이미지를 각각 트랙에 드래그해서 덮어씌우기를 하면 간단하게 만들어진 프로젝트에 맞춰서 영상작업을 할 수 있습니다.

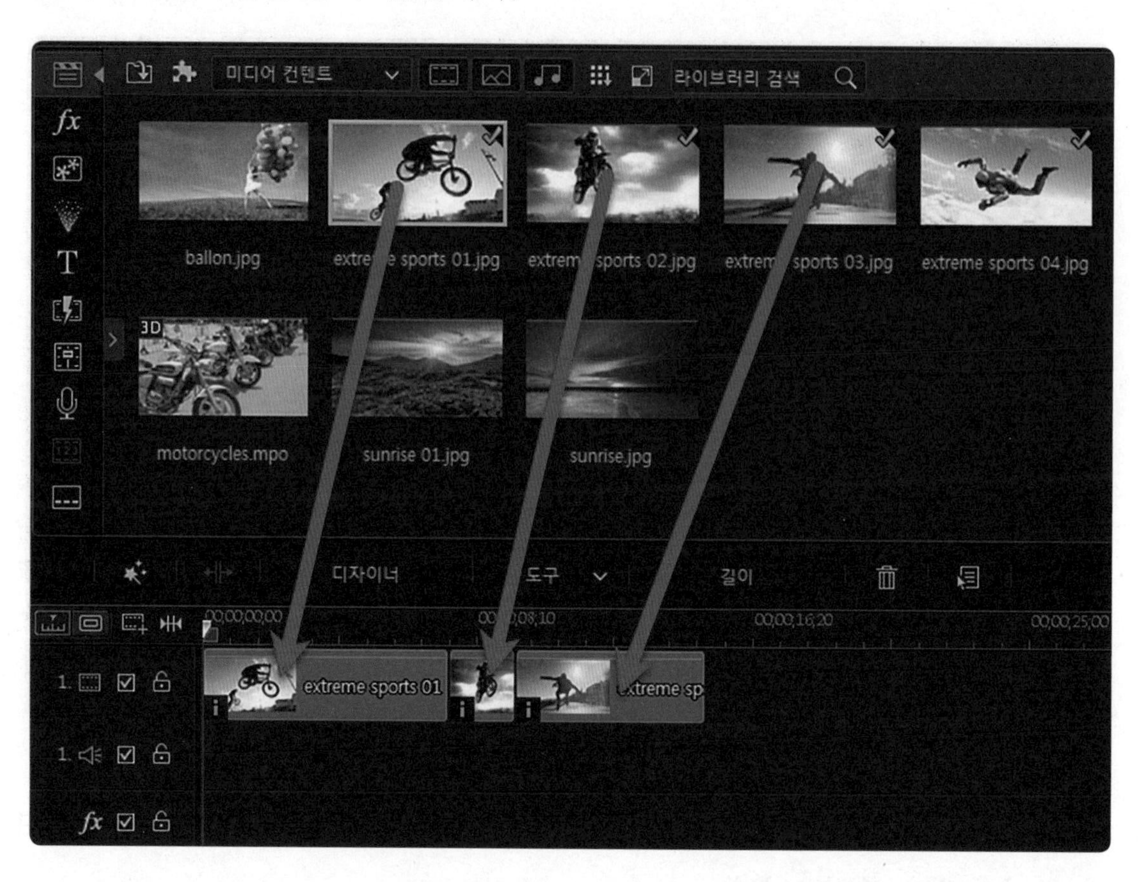

09 텍스트를 수정하기 위해 3번 트랙의 클립을 선택한 후 **디자이너**를 클릭하면 수정할 수 있는 디자이너 창이 나오게 됩니다.

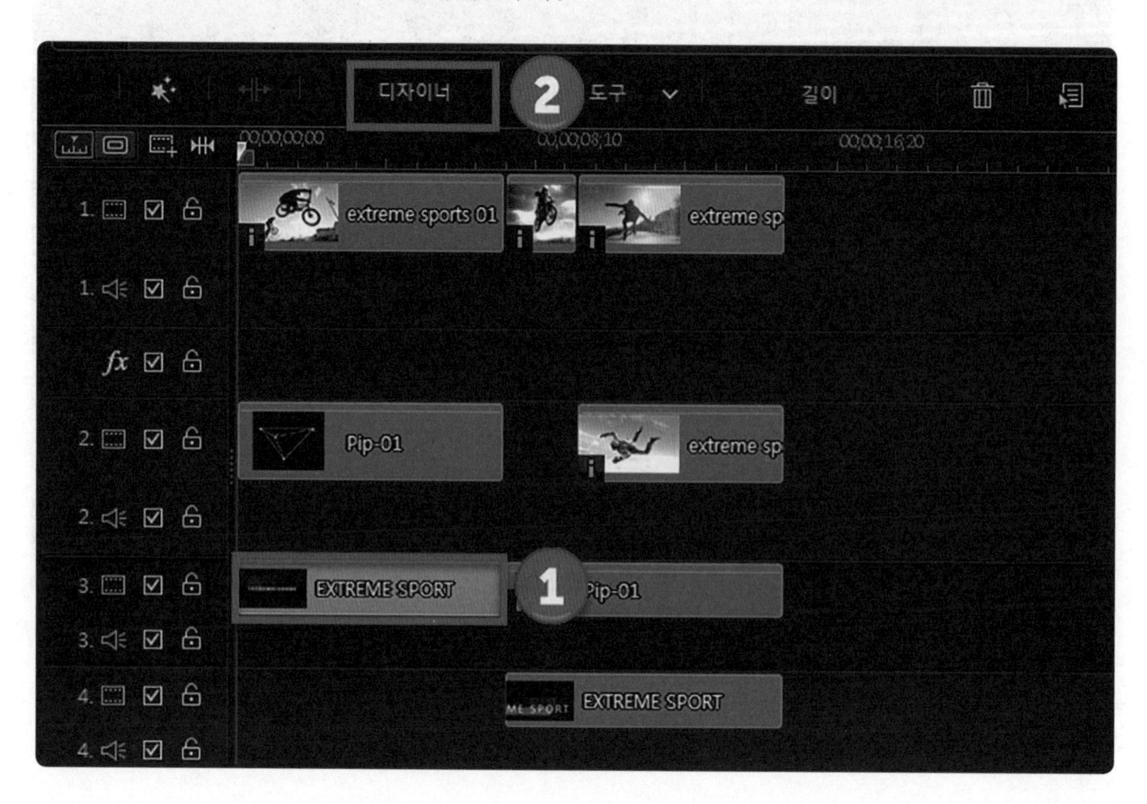

10 왼쪽 상단에서 수정할 **글자를 입력**한 후 오른쪽 하단에서 **확인** 버튼을 클릭합니다. 나머지도 동일한 방법으로 글자를 수정합니다.

11 **파일 → 다른 이름으로 프로젝트 저장**을 해서 파일이름은 **익스트림**으로 저장을 합니다. (저장할 폴더는 C:₩파워디렉터)

CHAPTER

02 ▶ 쉽게 만드는 동영상

CHAPTER 02-1 간편 편집기

01 파워디렉터도 간단한 기능만으로 빠르게 동영상을 만들 수 있습니다. **간편 편집기**를 클릭합니다.

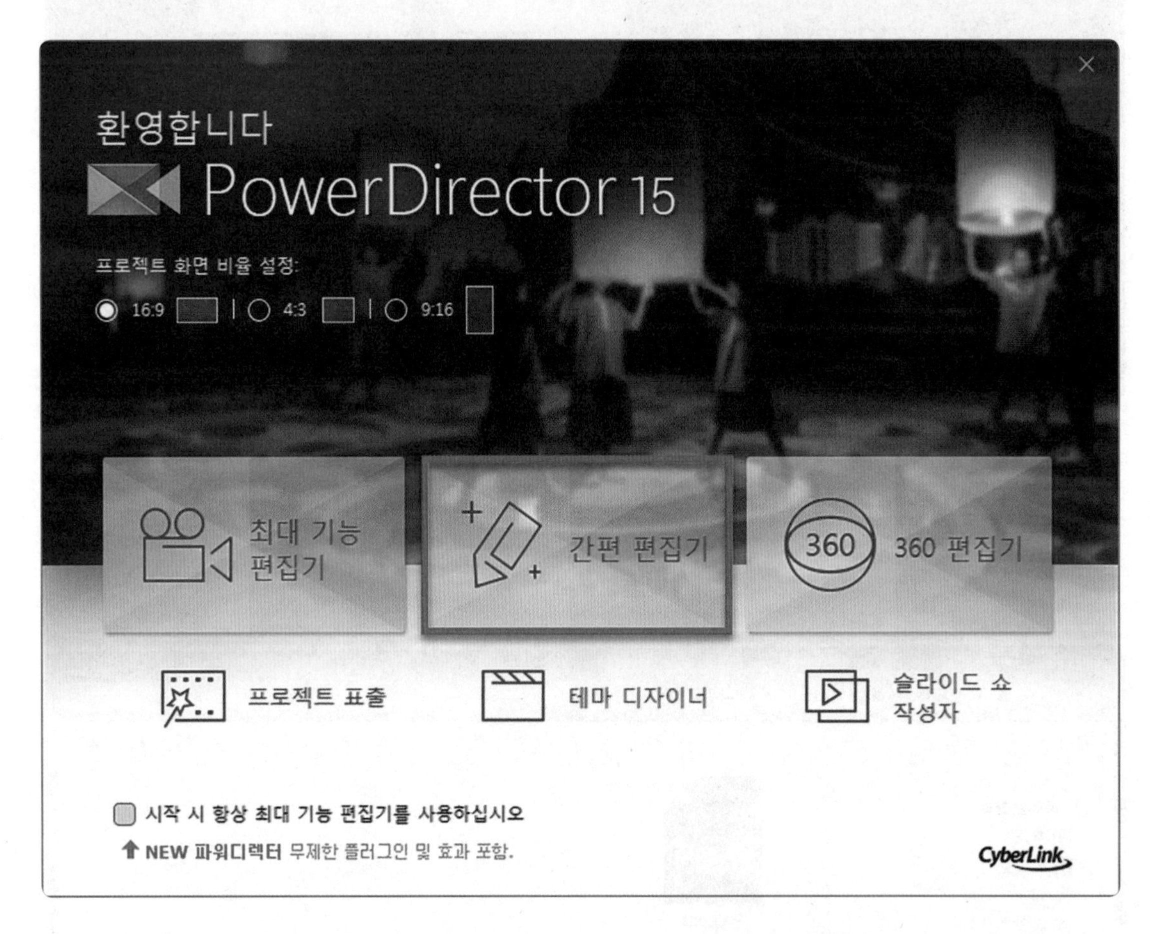

02 소스를 가져오기 위해 **미디어 가져오기** 버튼을 클릭합니다.

03 **미디어 파일 가져오기**를 클릭해서 원하는 파일들만 가져오도록 합니다.

04 사진 라이브러리에 있는 **사진 샘플** 폴더를 열어준 후 Ctrl+A 를 눌러 모든 파일을 선택한 후 열기를 클릭합니다.

05 가져온 사진 위에 마우스를 올리면 자르기가 표시되는데 클릭하면 자르는 영역을 작업하게 됩니다.

06 잘라내서 보이게 할 부분만 조절한 후 **확인**을 클릭합니다. 이 작업을 사진마다 원하는 부분만 보이도록 작업을 합니다.

07 추가할 사진이나 동영상이 없으면 두 번째 단계인 **스타일** 버튼을 클릭하거나 화면 아래에 있는 **다음**을 클릭합니다.

08 스타일 중 메모리 필드는 정품에만 적용되는 기능이므로 나머지 스타일을 선택합니다.

09 배경음악을 추가하기 위한 기능입니다. **음악 추가** 버튼을 클릭합니다.

10 음악 라이브러리에 있는 **음악 샘플** 폴더를 열어서 넣고 싶은 음악을 더블클릭하거나 열기를 클릭합니다.

11 아래의 기능은 비디오를 소스에서 가져왔으면 비디오에서도 소리가 나게 되는데 추가한 배경음악과 비디오 소리 중 어느 것을 크게 할 것인지를 정하는 것입니다.

12 음악의 길이는 사진을 8장을 추가했다면 1장당 5초로 총 40초간 재생됩니다. 음악 길이에 맞추기 위해 아래와 같이 선택합니다.

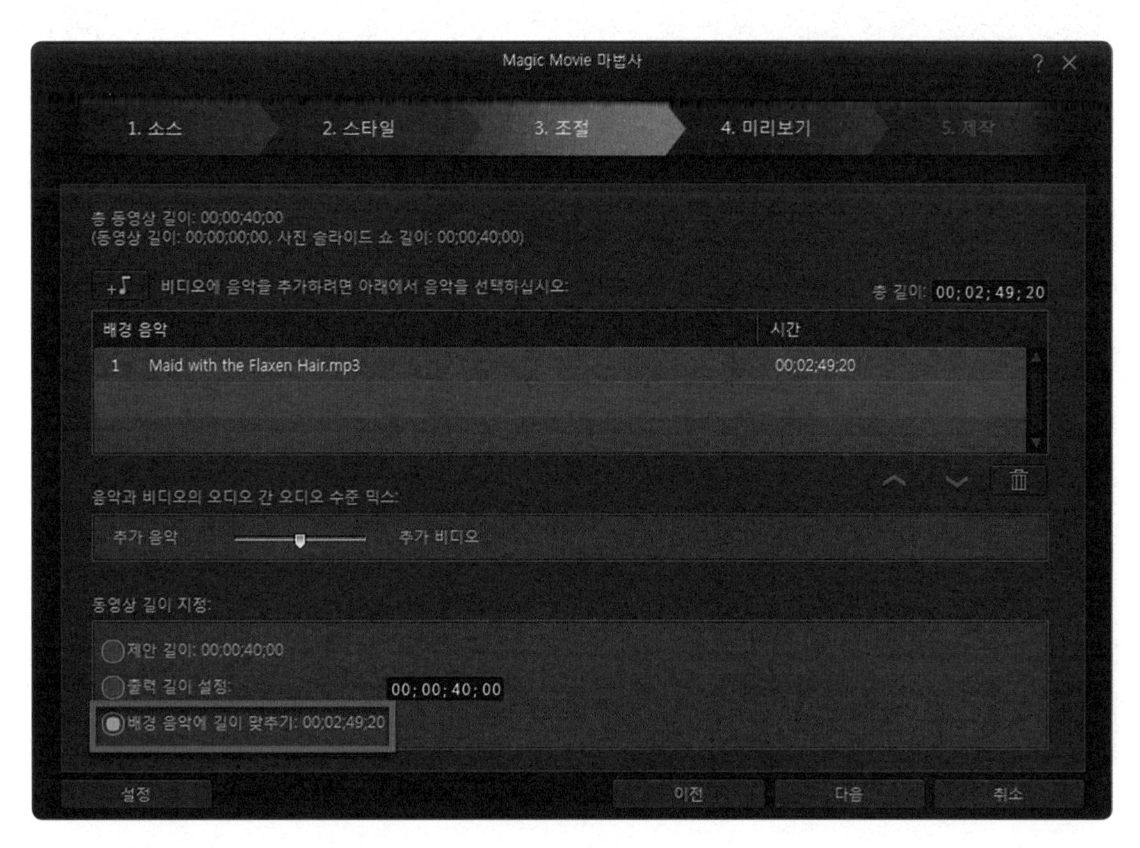

13 미리보기에서 **시작 타이틀**과 **종료 타이틀**에 글자를 넣고 **재생** 버튼을 누릅니다.

14 미리보기를 확인했으면 **제작** 버튼을 클릭한 후 **비디오 제작**을 클릭합니다.

15 여기서는 파일 형식을 **Windows Media Video**로 선택한 후 프로필 유형을 **Windows Media Video 9 1280x720/30p (6Mbps)**로 선택합니다.

16 내보내기 폴더를 변경하기 위해 **...(찾아보기)** 버튼을 클릭합니다.

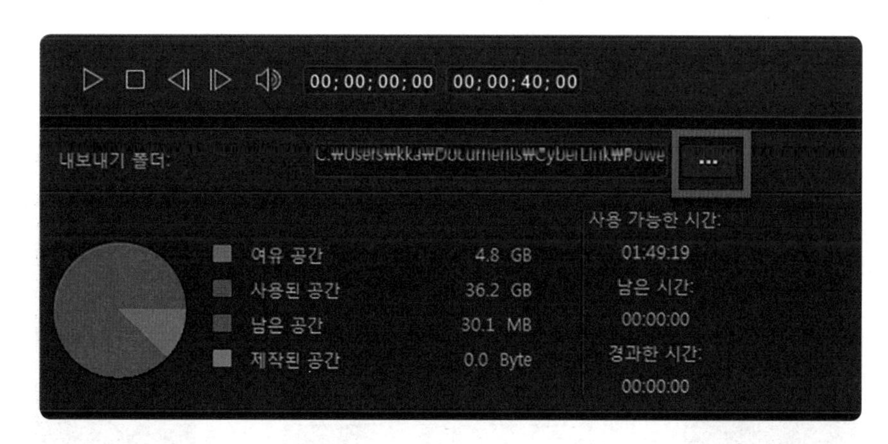

17 저장할 위치는 **C:\파워디렉터** 폴더이고, 파일 이름은 **쉽게만들기**를 입력한 후 **저장** 버튼을 클릭합니다.

18 왼쪽 하단에 있는 렌더링을 하는 **시작** 버튼을 클릭합니다.

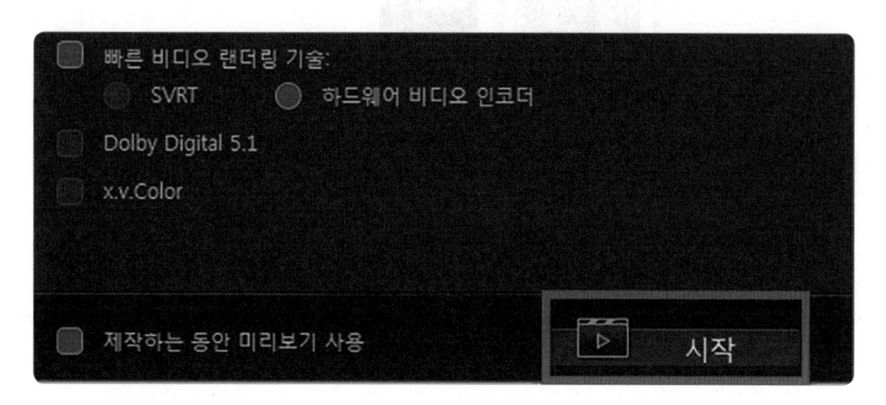

19 동영상 제작 중이란 화면이 나오는데 100% 작업이 완성되면 파워디렉터를 **종료**합니다. 프로젝트 저장하겠다는 상자에서 **아니오**를 누릅니다.

20 C:₩파워디렉터 폴더에서 제작된 동영상이 있는지 확인하고 더블클릭으로 재생해 봅니다.

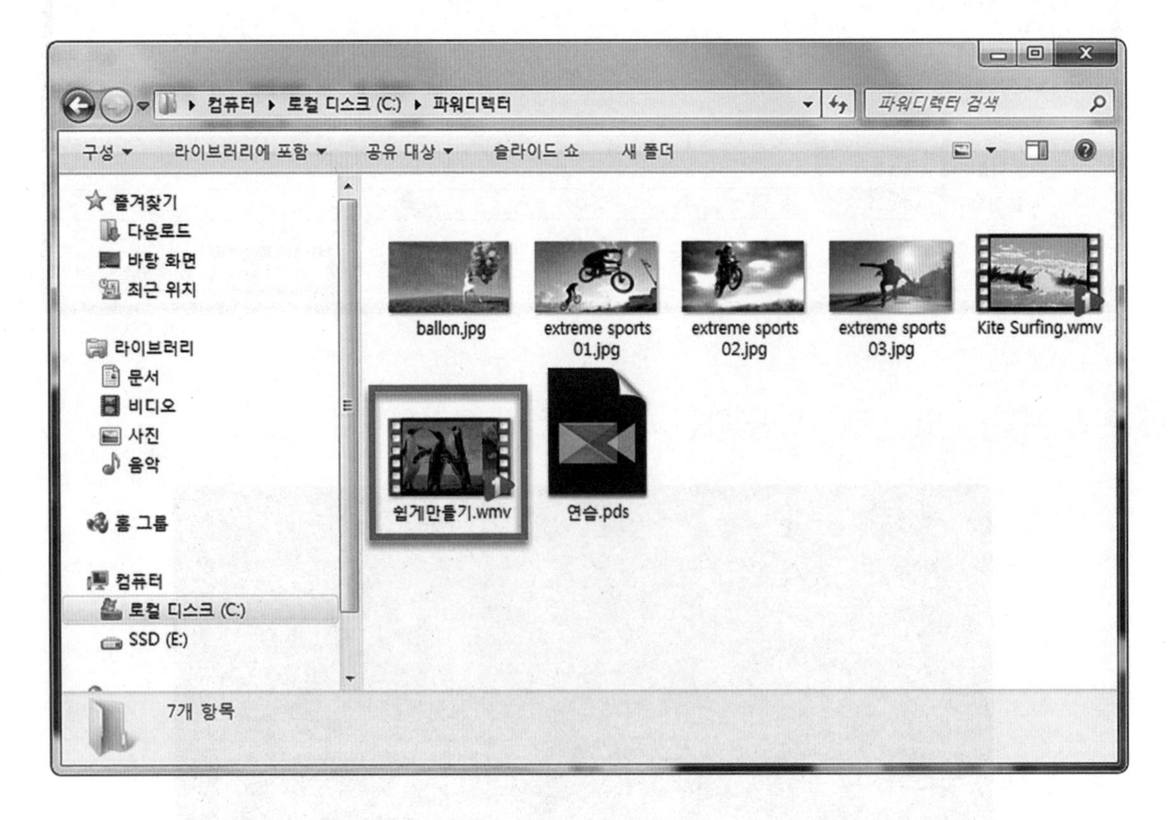

CHAPTER 02-2 슬라이드 쇼 작성자

01 파워디렉터를 실행한 후 **슬라이드 쇼 작성자**를 선택합니다.

02 첫 단계인 **미디어 가져오기** 버튼을 클릭합니다.

03 사진이 한 군데 모여 있으면 이미지 폴더 가져오기를, 여기 저기 흩어져 있으면 **이미지 파일 가져오기**를 선택합니다.

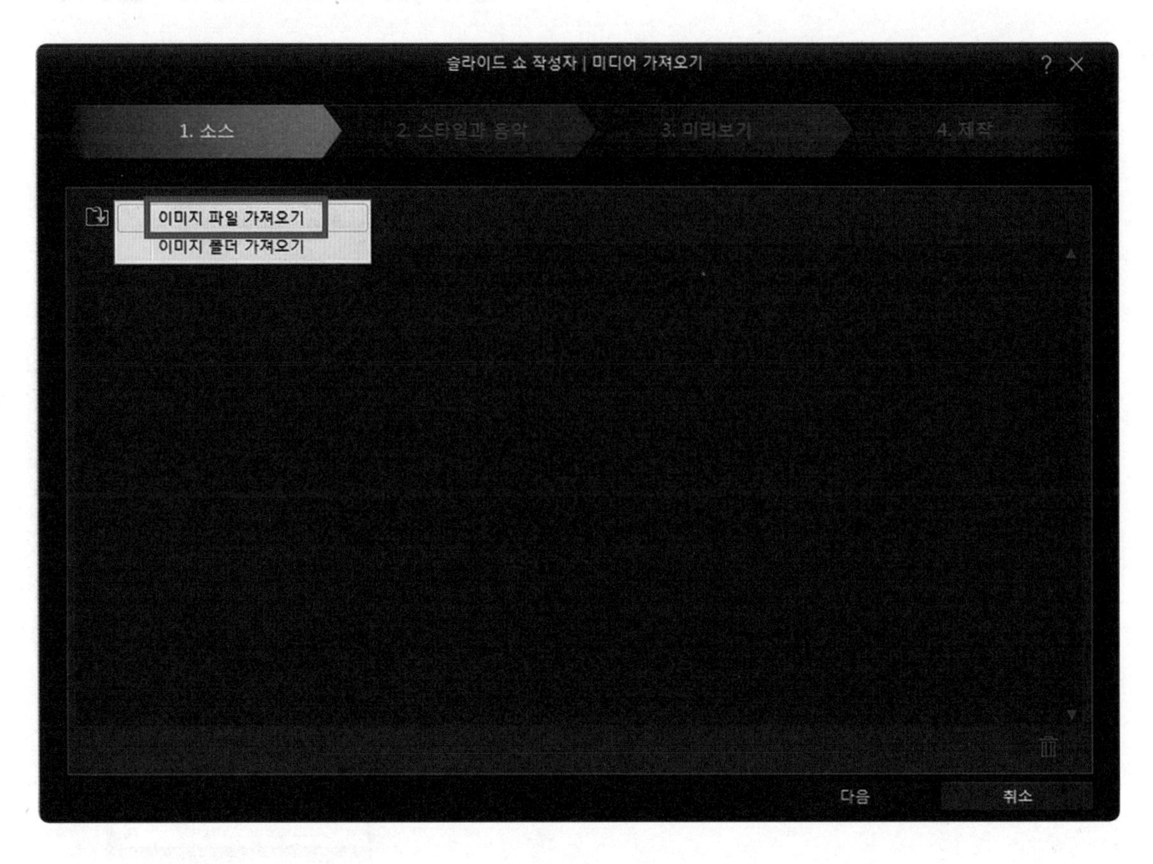

04 사진을 가져올 폴더인 사진 라이브러리에 있는 **사진 샘플** 폴더를 열어서 8개의 사진을 Ctrl+A 로 모두 선택한 후 **열기**를 클릭합니다.

05 두 번째 단계인 **스타일과 음악**을 클릭합니다.

06 슬라이드 쇼 스타일은 **모션**을 선택하고 오른쪽 아래에 있는 **음악 추가** 버튼을 클릭합니다.

07 음악 라이브러리에 있는 **음악 샘플** 폴더를 열어준 후 2번째 파일을 선택한 후 **열기** 버튼을 클릭합니다.

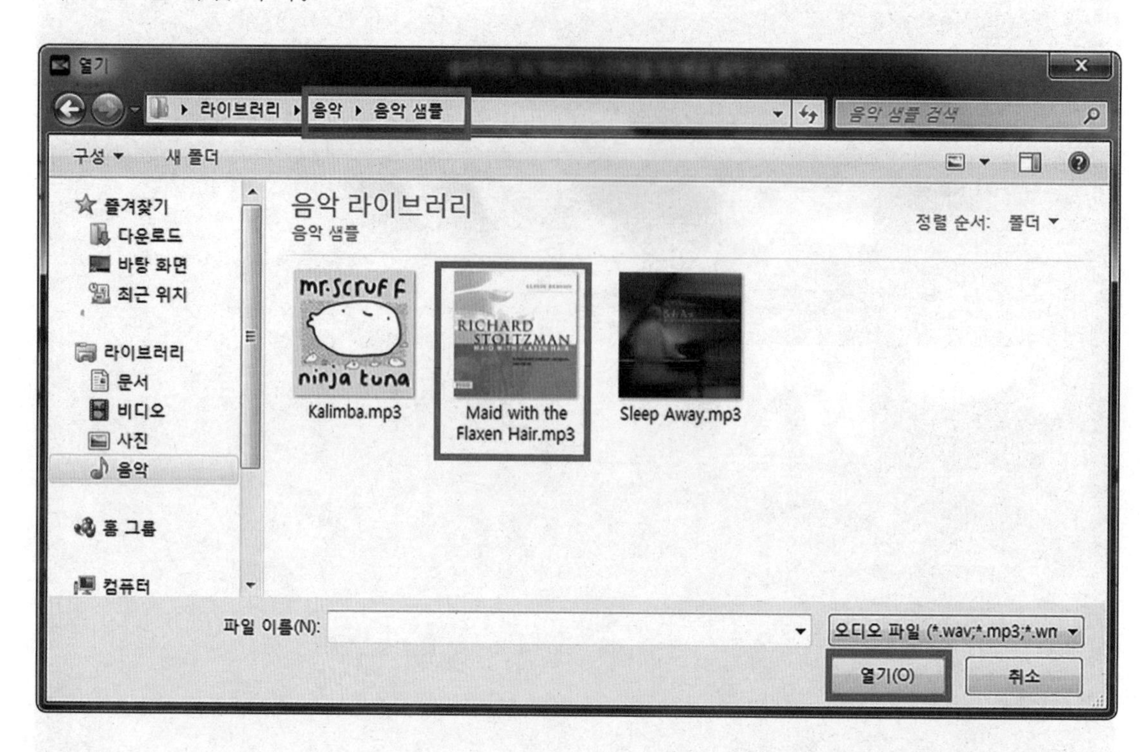

08 세 번째 단계인 **미리보기** 버튼을 클릭하면 슬라이드 쇼를 만드는 화면이 나타납니다.

09 미리보기 화면에서 **재생** 버튼을 클릭해서 어떻게 영상이 만들어 졌는지 확인합니다.

10 네 번째 단계인 **제작** 버튼을 클릭한 후 **고급 편집**을 선택합니다.

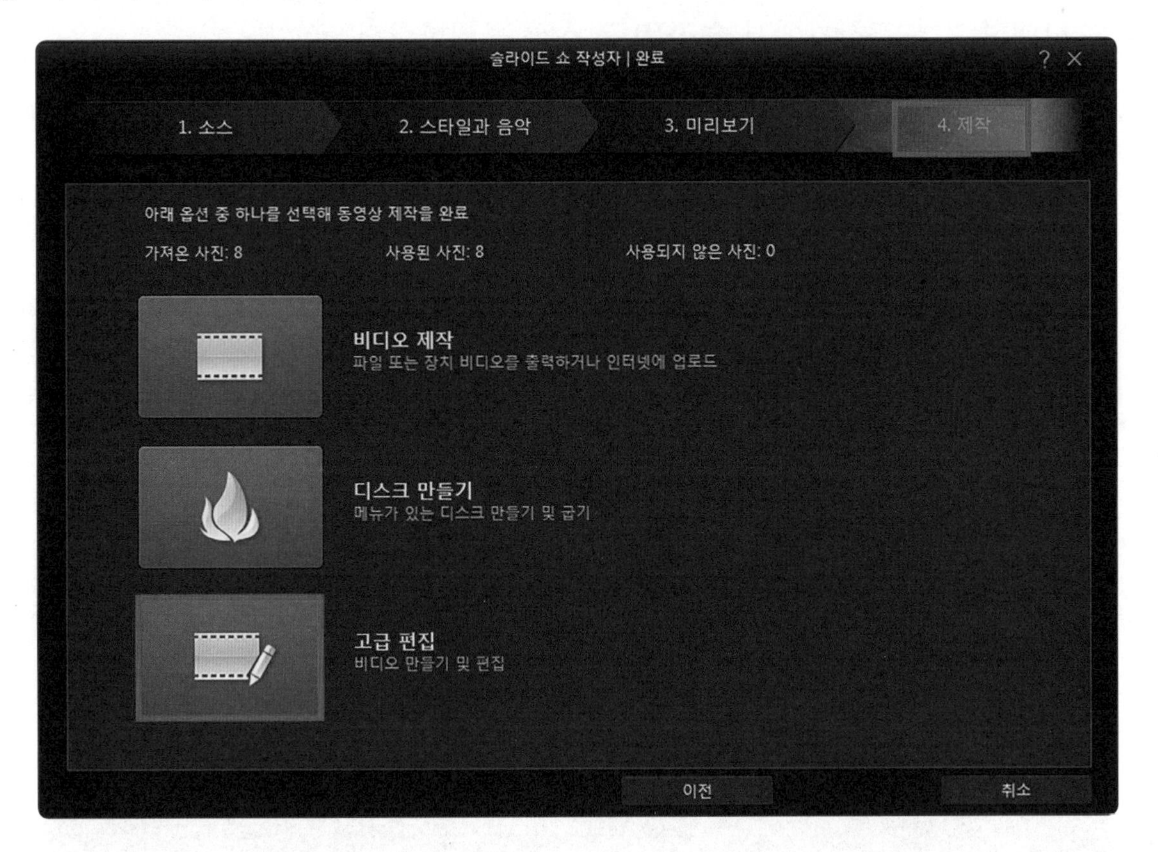

11 파워디렉터 편집기 화면이 나오면 미리보기 창에서 **재생** 버튼을 클릭합니다.

12 작업한 모션 슬라이드가 마음에 들지 않아서 변경하고자 합니다. **1번 트랙의 동영상**을 선택한 후 도구상자에서 **슬라이드 쇼**를 클릭합니다.

13 슬라이드 쇼 작업에서 스타일과 음악을 다시 선택합니다. 스타일 중 **카메라**를 선택한 후 하단의 **배경 음악**을 클릭합니다.

14 배경 음악으로 사용할 파일은 그냥 그대로 2번째 음악을 선택한 후 **열기**를 클릭합니다.

15 **제작**을 클릭하고 **고급 편집**을 눌러 파워디렉터 편집화면으로 이동합니다.

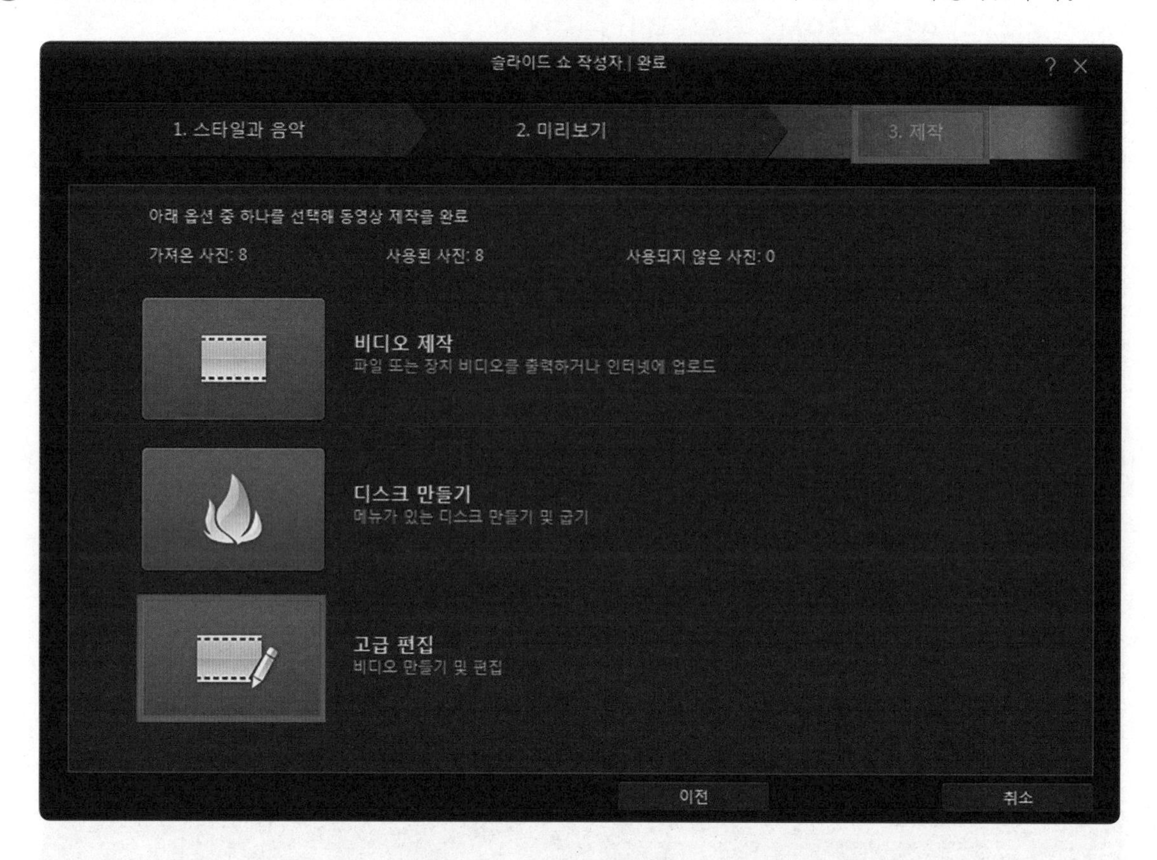

16 슬라이드 쇼에 클립이 대체된다는 대화상자가 나오면 **확인**을 클릭합니다.

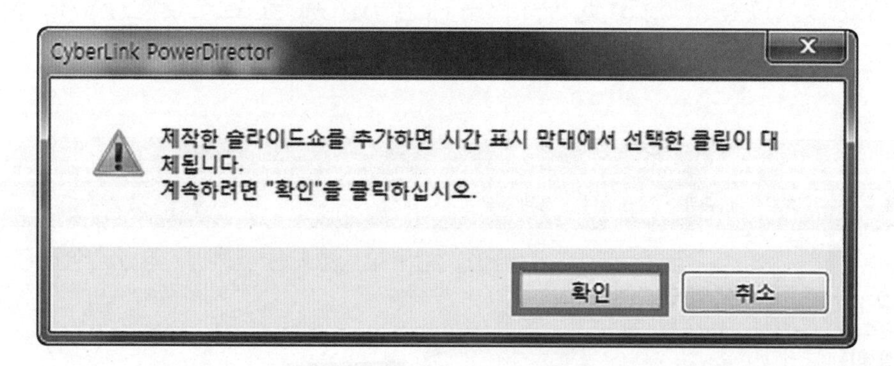

17 미리보기 창에서 **재생** 버튼을 클릭해서 변경된 슬라이드쇼를 확인합니다.

18 상단 **제작** 메뉴를 클릭한 후 Windows Media Video를 선택하고 프로필 유형도 이전 작업과 같은 형태로 정합니다.

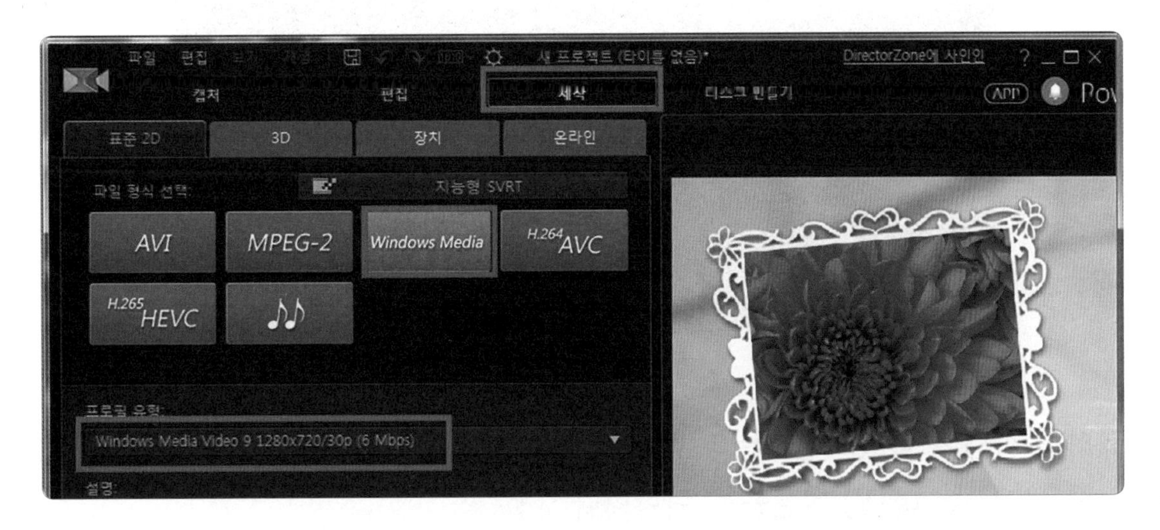

19 오른쪽 창에서 내보내기 폴더를 정하기 위해 **...(찾아보기)** 버튼을 클릭합니다.

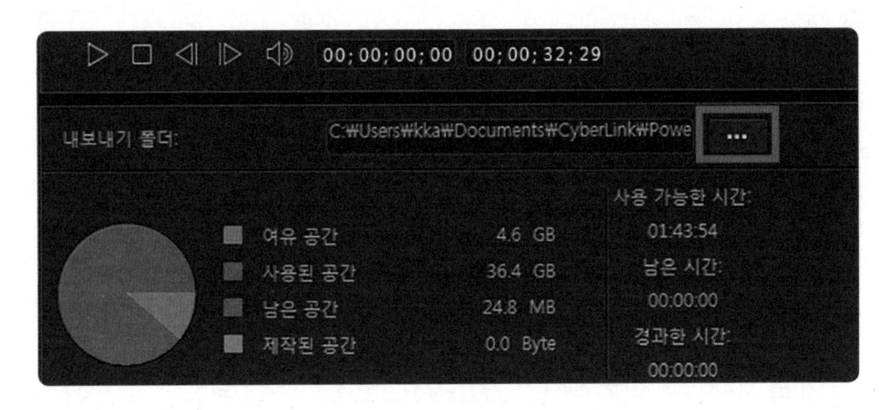

20 **C:₩파워디렉터** 폴더에 파일이름은 **슬라이드쇼**를 입력하고 **저장**을 클릭합니다.

21 왼쪽 하단에 있는 **시작** 버튼을 클릭해서 렌더링 작업을 해줍니다.

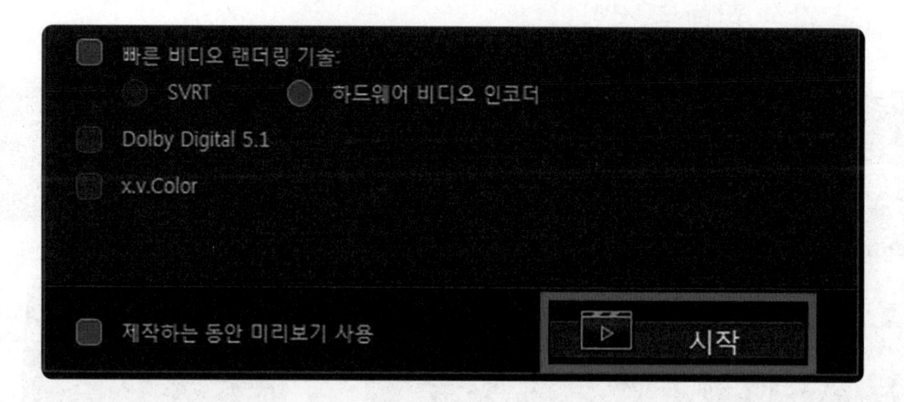

22 렌더링 작업이 끝났으면 파워디렉터 창닫기 버튼을 클릭한 후 프로젝트를 저장하기 위해 여기서는 **예(Y)** 버튼을 클릭합니다.

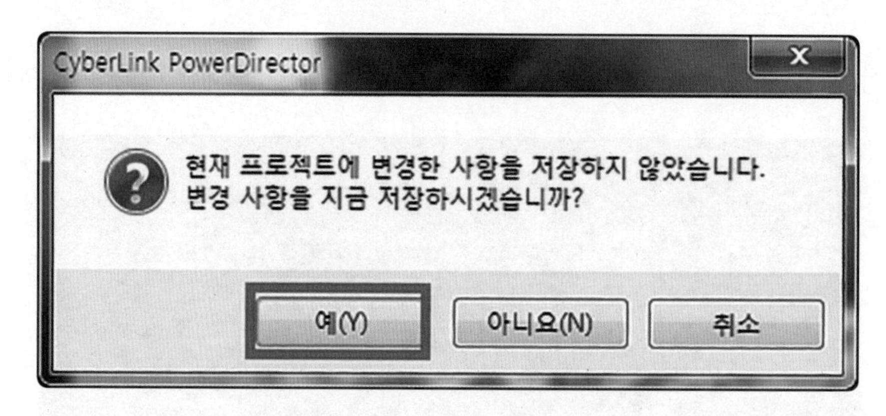

23 프로젝트 파일을 저장할 위치는 **C:₩파워디렉터** 폴더이고, 파일이름은 **슬라이드쇼**를 입력한 후 **저장** 버튼을 클릭합니다.

CHAPTER

03 ▶ 영상 편집 기본 작업

CHAPTER 03-1 편집기 용어와 기본 작업 ▶▶▶

01 파워디렉터를 실행한 후 **최대 기능 편집기**를 클릭합니다.

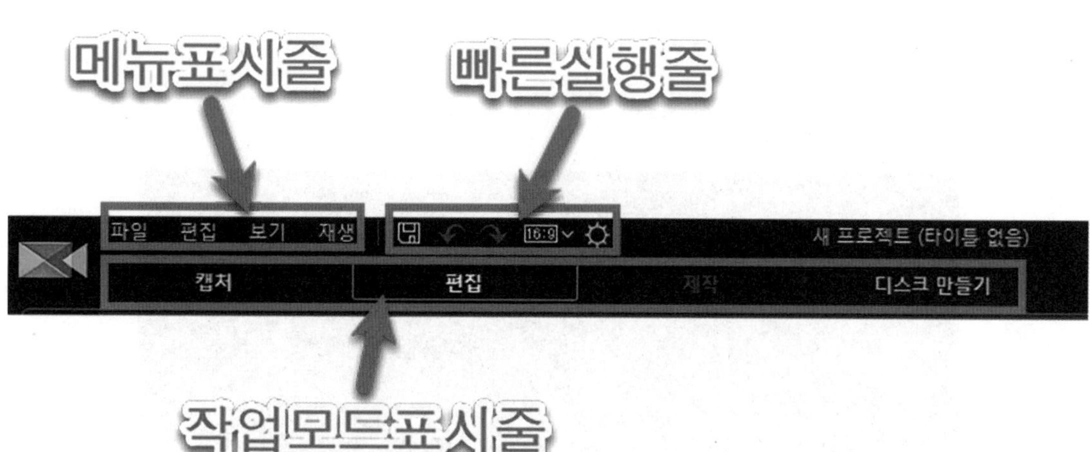

- **메뉴표시줄 : 파워디렉터15의 모든 기능을 항목별로 모아둔 곳**
- **빠른실행줄 : 메뉴표시줄의 기능 중 자주 사용하는 기능을 모아둔 곳**
- **작업모드표시줄 : 캡쳐, 편집, 제작, 디스크 만들기**

● 캡처

캠코더, 마이크, 음악CD, DVD로부터 영상편집에 필요한 데이터를 가져오며, 현재 컴퓨터에 연결되어 있는 장치만 활성화됩니다.

01 마이크를 연결하거나 이어폰을 연결한 후 캡처를 누르면 마이크가 활성화가 됩니다. 하단의 녹음 버튼을 눌러서 목소리를 녹음합니다.

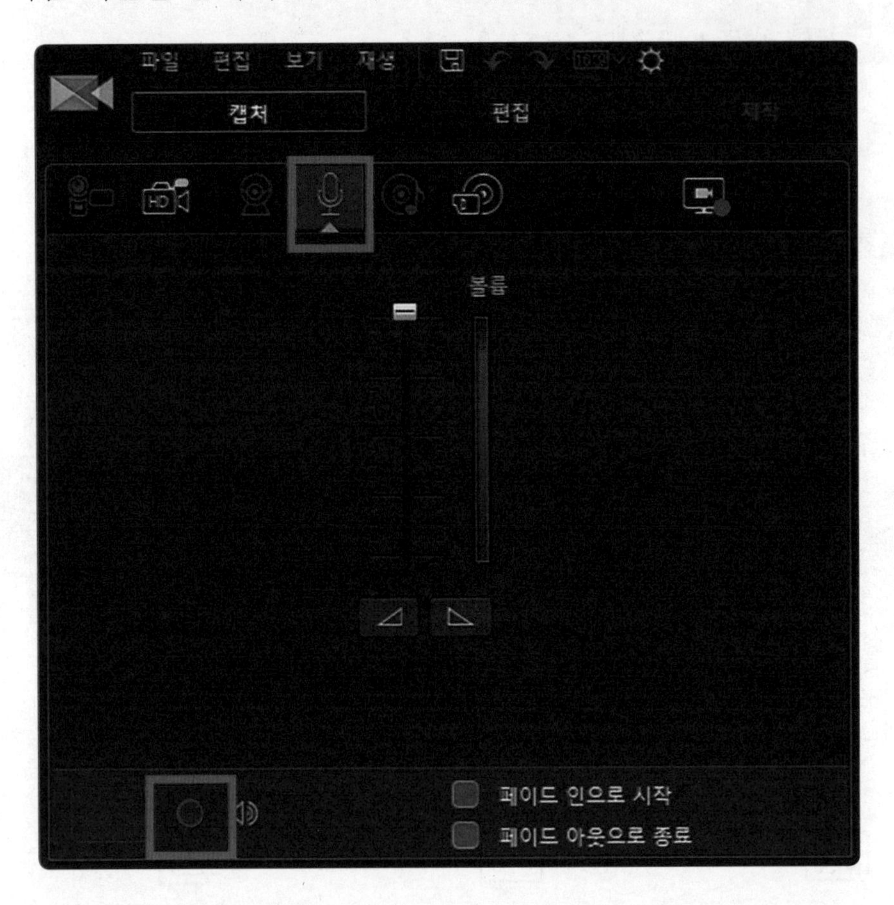

02 녹음이 저장되는 폴더는 문서 - CyberLink - PowerDirector - 15.0 폴더이고 녹화된 오디오 길이도 표시가 됩니다.

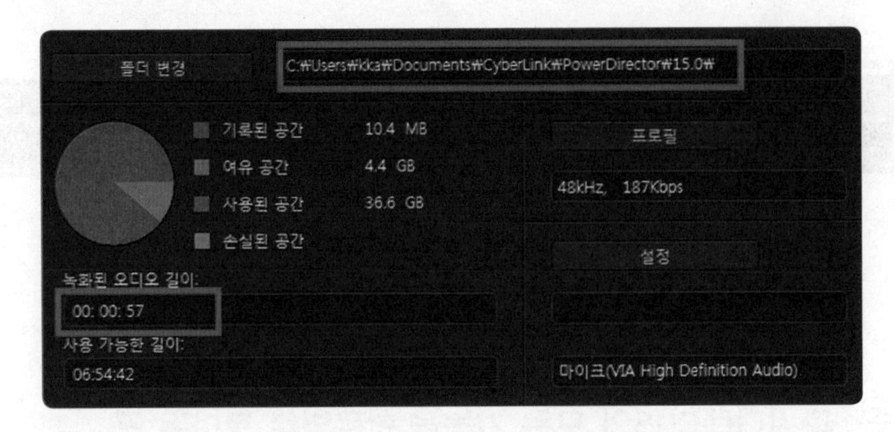

03 녹음을 중지하려면 빨간색 녹음 버튼을 클릭해야 합니다.

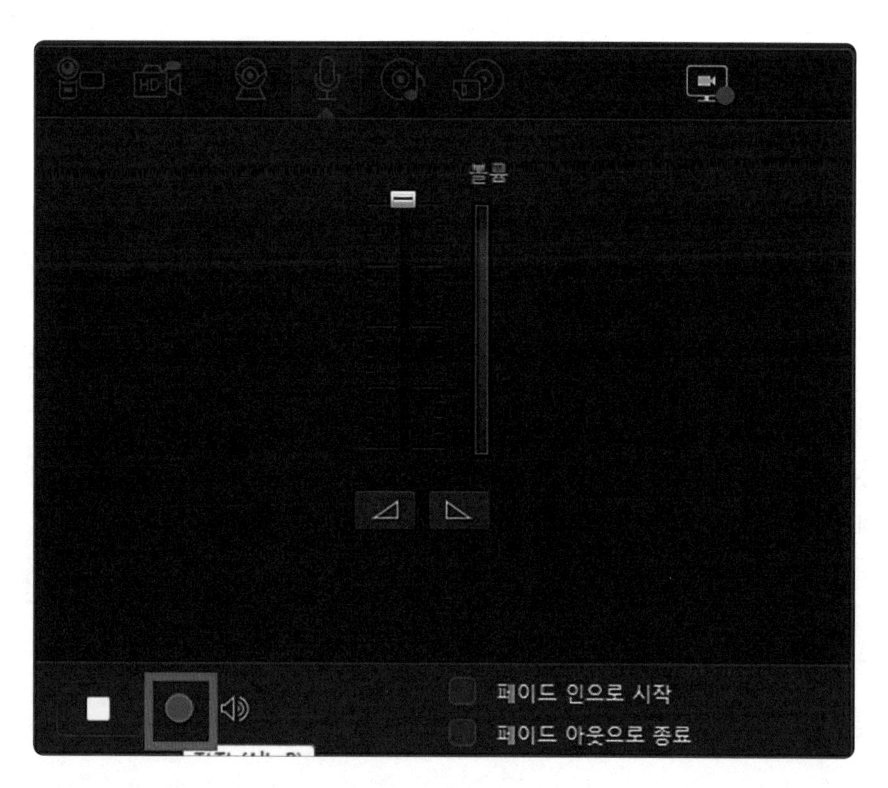

04 녹음파일의 이름을 입력하고 확인을 클릭합니다.

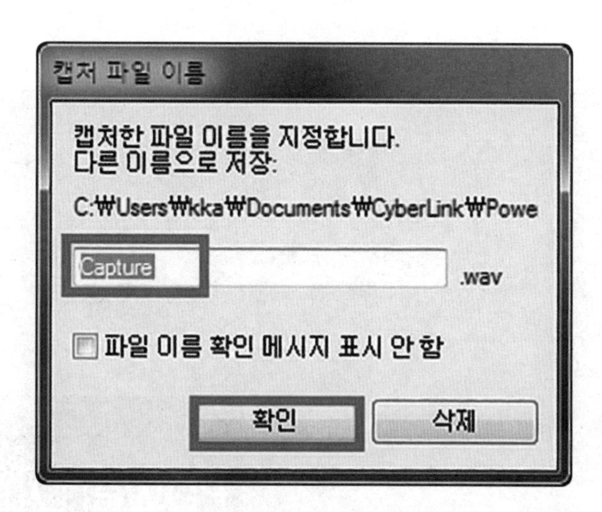

05 오른쪽 캡처한 컨텐트 창에 방금 저장한 파일이 Wave 형식으로 보입니다. 녹음이 필요할 때 이러한 방식으로 미리 캡처해 둘 수 있습니다.

● **편집**

가져오기한 미디어를 편집하고 다듬을 수 있고 비디오 작품을 정렬하거나 효과, 타이틀, PiP 개체, 전환, 음악, 챕터, 자막 등을 추가할 수 있습니다.

파워디렉터에서는 주로 이곳에서 작업을 하기 때문에 뒤에 나오는 과정은 편집에 관한 위주로 설명이 됩니다.

● **제작**

이미 앞 과정에서 제작과정은 두 번 정도는 해봤으니 무엇을 하는 것인지는 알 수 있습니다. 다시 한 번 설명을 하면 영상편집이 끝나면 파일형식, 품질, 저장 폴더 등을 지정하여 최종적으로 동영상파일을 만들어 줍니다. 제작 창에서 제작한 작품을 여러 형식(3D 형식 포함)으로 장치(캠코더, 휴대전화, 기타 휴대용 기기)에 출력하거나 YouTube, Facebook, DailyMotion, Vimeo에 업로드할 수 있습니다. **평가판이나 기능 한정판이므로 AVI와 Windows Media Video형식만 사용할 수 있습니다.**

● **디스크 만들기**

디스크를 디자인한 후에 2D 또는 3D의 다양한 형태로 비디오 작품을 Burning(굽기)할 수 있습니다. 여기도 마찬가지인데 평가판이나 기능 한정판에서는 이러한 작업은 할 수 없습니다.

CHAPTER 03-2 미디어 룸 미디어 보는 방법

01 파워디렉터를 실행하면 미디어 룸에는 사진, 동영상, 음악이 모두 보여서 작업이 불편할 때가 있습니다.

02 사진을 위주로 동영상 작업을 하기 위해선 사진만 라이브러리 창에 보이는 것이 편리합니다. 라이브러리 창에서 **비디오**와 **오디오** 버튼을 클릭해 꺼줍니다.

03 다음과 같이 라이브러리 창에는 사진만 보이게 됩니다. 버전에 따라 사진 샘플이 달라 아래와 다른 사진들이 나올 수는 있습니다.

04 비디오만 보이도록 사진 버튼은 클릭해서 해제하고 비디오 버튼을 클릭합니다. 아래처럼 동영상이 2개가 나오는 것은 설명을 위해 미리 비디오 샘플의 야생을 가져왔기 때문입니다. 여러분은 1개가 보이는 것이 맞습니다.

05 라이브러리 창에 썸네일의 크기를 조절해서 작업할 때가 있습니다. 미디어의 숫자가 많으면 한번에 보이지 않으므로 작은 아이콘으로 보면 편합니다. 먼저 모든 미디어가 보이도록 작업을 합니다. 아래와 같이 사진이 많은 것은 이해를 돕기 위해 미디어 파일 가져오기로 사진샘플을 가져왔습니다.

06 **라이브러리 메뉴** 버튼을 클릭하면 아래와 같이 다양한 메뉴가 나오게 됩니다. **작은 아이콘**을 클릭합니다.

07 아래와 같이 썸네일 아이콘이 한 번에 다 보이므로 쉽게 찾을 수가 있겠습니다. 쉽게 찾기 위해 현재는 이름 순서로 정렬되어 있습니다.

08 미디어의 종류별로 모아서 보게 되면 찾기가 더욱 편리해 집니다. **라이브러리 메뉴** 버튼을 클릭한 후 **정렬 기준**을 **유형**으로 선택합니다.

09 사진은 사진끼리, 오디오는 오디오끼리, 비디오는 비디오끼리 각각 이름 순서대로 정렬되어서 보여줍니다.

10 다시 미디어 룸의 라이브러리 창에 보이는 미디어가 이름 순서대로 정렬되도록 해줍니다. **라이브러리 메뉴 - 정렬 기준 - 이름** 순으로 클릭합니다.

CHAPTER 03-3 클립 덮어쓰기/삽입/바꾸기

01 파워디렉터를 실행한 후 **Kite Surfing.wmv** 클립을 타임라인에 삽입합니다.

02 미리보기 창에서 보이는 시간은 00시; 00분; 00초; 00도입니다. 초부분에 마우스를 클릭한 후 **05초를 입력한 후** Enter 키를 누릅니다. 시간 표시 마커를 살펴봅니다. 타임라인 **하단의 확대 버튼**을 누르면 시간 표시가 확대해서 보입니다.

03 1번 트랙에 추가된 시간표시막대에 마커가 5초에 딱 맞도록 이동된 것을 확인할 수 있습니다. 좌측 하단에 있는 줌/아웃 기능을 이용해서 트랙의 시간대를 확대해서 볼 수 있습니다.

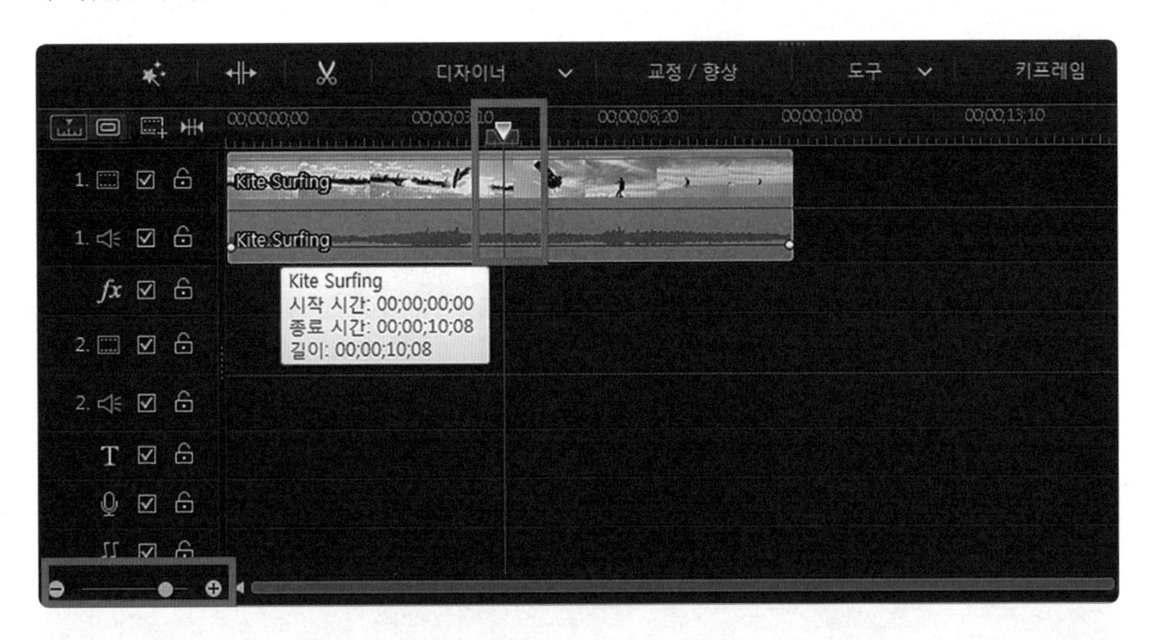

04 동영상 클립의 5초 부분에 이미지를 삽입하기 위해 **ballon.jpg** 이미지를 클릭한 후 **선택한 트랙에 삽입** 버튼을 클릭합니다.

05 메뉴에서 **덮어쓰기**를 클릭합니다. 아래와 같이 동영상의 5초 위치에 이미지가 들어가고 동영상의 재생길이는 그대로 유지하게 됩니다.

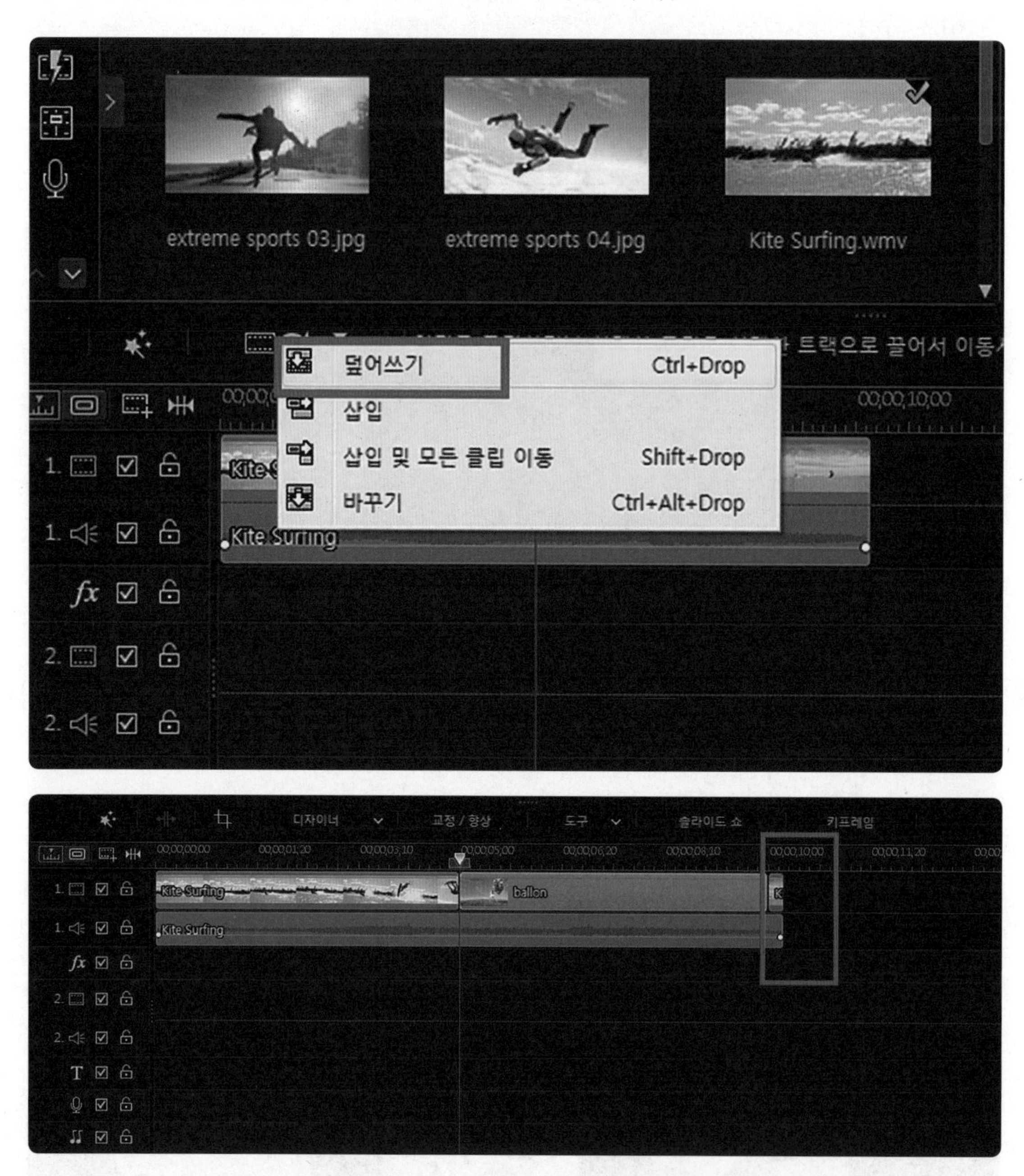

06 키보드에서 Ctrl+Z 를 눌러 덮어쓰기 작업을 취소시킵니다. 다른 프로그램에서도 실행을 취소하듯 파워디렉터도 실행을 취소한 후 다른 작업을 할 수 있습니다.

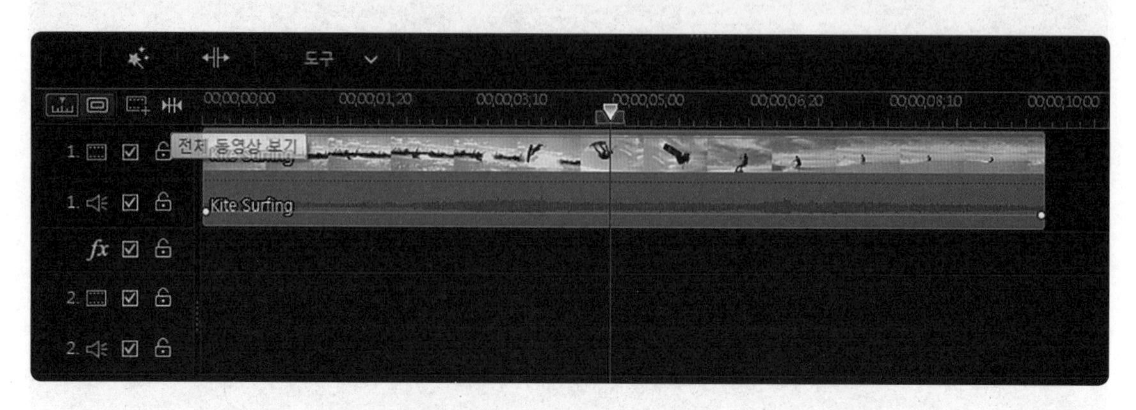

07 라이브러리 창에서 **ballon.jpg** 이미지를 클릭한 후 **선택한 트랙에 삽입** 버튼을 클릭해서 **삽입**을 선택합니다.

08 덮어쓰기와는 달리 **삽입**을 클릭하면 동영상 클립 안에 사진이 삽입된 후 나머지 동영상은 오른쪽으로 이동이 됩니다. 이미지가 삽입되면서 나머지 영상클립은 트랙의 오른쪽으로 밀려나서 동영상의 길이가 변경되었습니다.

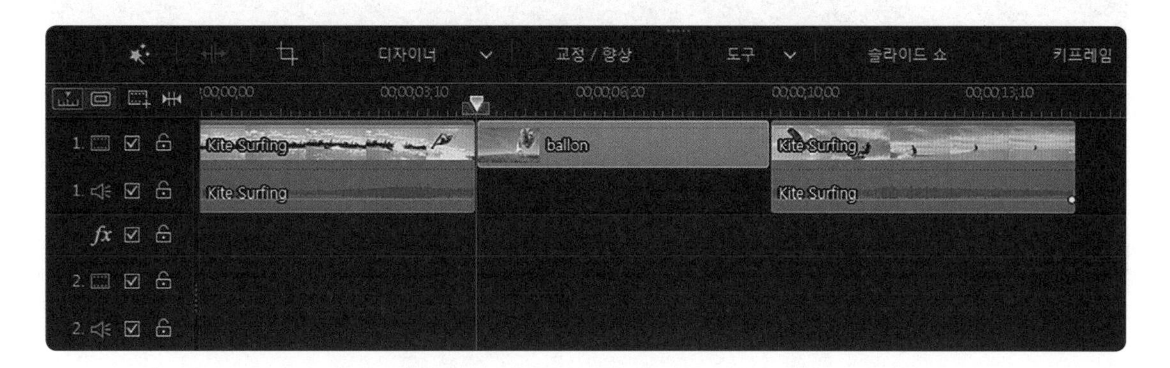

09 트랙의 처음으로 마커를 이동시킨 후 동영상을 재생합니다. 이때 미리보기 창은 클립이 아니라 **동영상** 모드로 선택한 후 재생합니다.

10 다시 Ctrl+Z 를 눌러 사진을 삽입하기 전으로 되돌려줍니다.

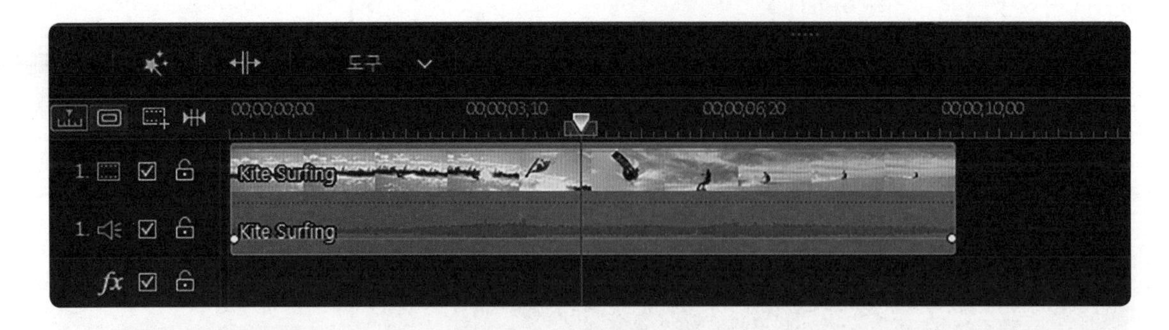

11 라이브러리 창에서 **ballon.jpg** 이미지를 클릭한 후 **선택한 트랙에 삽입** 버튼을 클릭해서 **바꾸기**를 선택합니다.

12 바꾸기를 선택하면 동영상 클립 중 비디오 트랙이 사진으로 변경되고 오디오 트랙은 그대로 남아있게 됩니다. 즉 시간을 5초에 두는 의미가 사라집니다. 그리고 동영상으로 바꾸기를 할 경우는 오디오 트랙도 모두 바뀌게 됩니다.

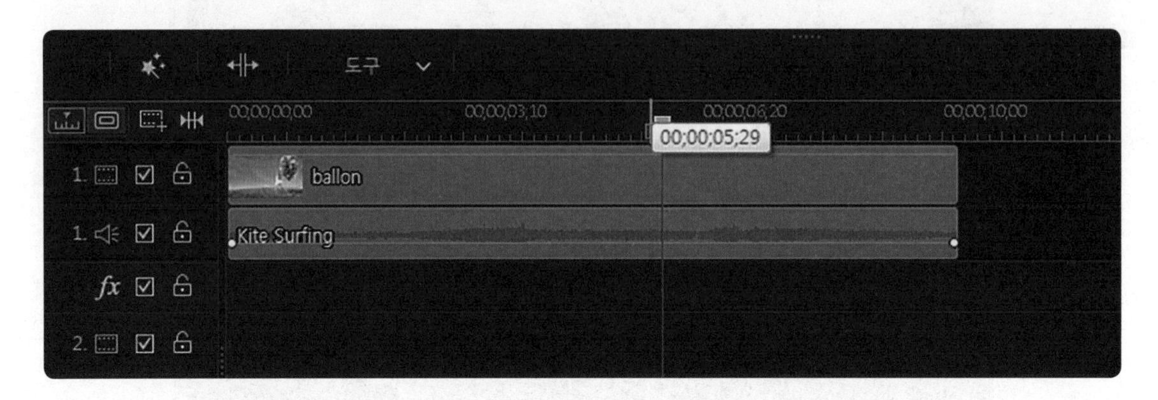

클립 제거하기

01 아래와 같이 동영상과 사진 4장을 1번 트랙에 추가합니다. 먼저 동영상을 추가한 후 마커를 동영상 끝으로 이동한 후 사진 4장을 선택해서 추가합니다.

02 1번 트랙에서 제거할 **extreme sports02**를 클릭한 후 편집영역 버튼에서 **제거(휴지통)**을 클릭합니다.(키보드 Delete 키를 사용해도 됩니다.) 만약 휴지통이 안보이면 파워디렉터를 최대화하면 보입니다.

03 휴지통을 클릭하면 메뉴가 아래와 같이 나오는데 **간격 제거 및 만들기**를 클릭해 봅니다.

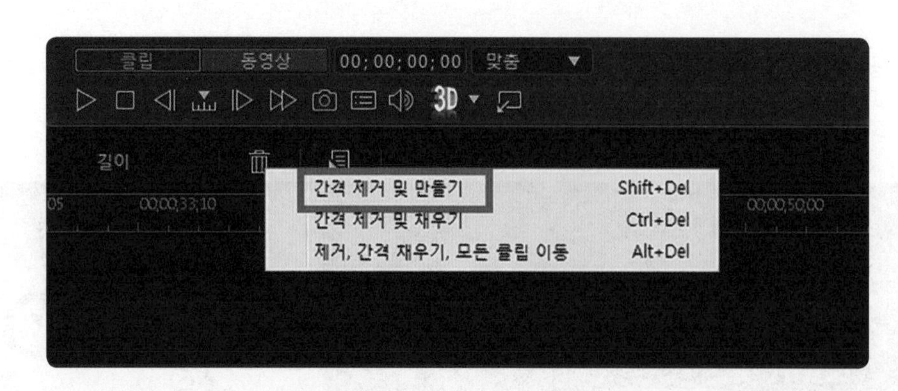

04 아래와 같이 삭제한 클립의 길이만큼 간격이 제거된 후 남아있게 됩니다. 메뉴를 설명하자면 잘 읽어야 하는데 **간격 제거 및 간격 만들기**로 읽어야 합니다

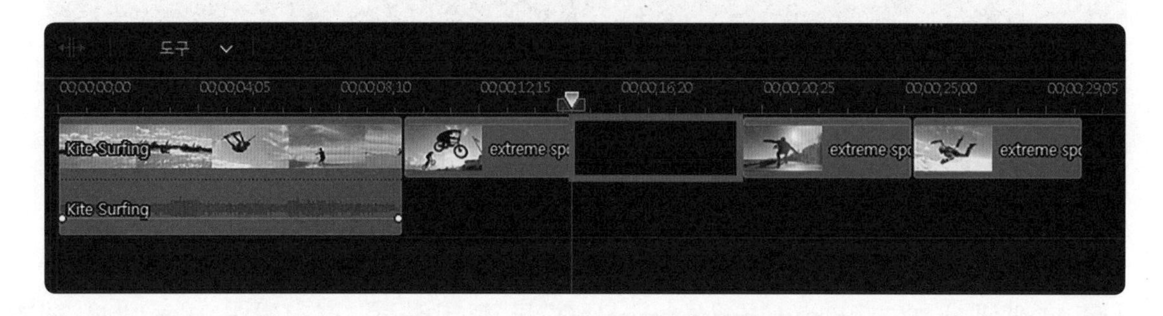

05 Ctrl+Z 를 눌러서 제거 작업을 되돌리기 한 후 이번에는 **간격 제거 및 채우기**를 클릭해서 삭제합니다.

06 아래와 같이 클립이 제거된 후 왼쪽으로 이동된 것을 알 수가 있습니다.

알고 넘어가기

미디어 클립 길이는 4 단위 숫자 세트로 표시됩니다.
00;00;00;00 (시 ; 분 ; 초 ; 프레임)
00;01;05;10 은 1 분 , 5 초 , 10 프레임

캠코더로 녹화한 표준(NTSC) 비디오는 1 초에 29.97 프레임을 표시하며 보통 1초에 비디오 30프레임이 있다고 간주합니다. 캠코더는 보통 60fps로 녹화되지만 최신 스마트폰은 120fps로 녹화되기도 합니다.

CHAPTER 03-5 장면 탐지 기능 활용

01 장면 탐지 기능을 사용하기 위해 **미디어 파일 가져오기**로 비디오샘플 폴더에 있는 **야생** 파일을 라이브러리 창으로 가져옵니다.

02 가져온 샘플 동영상에 마우스 오른쪽 단추를 클릭한 후 나타난 메뉴에서 **장면 탐지**를 클릭합니다.

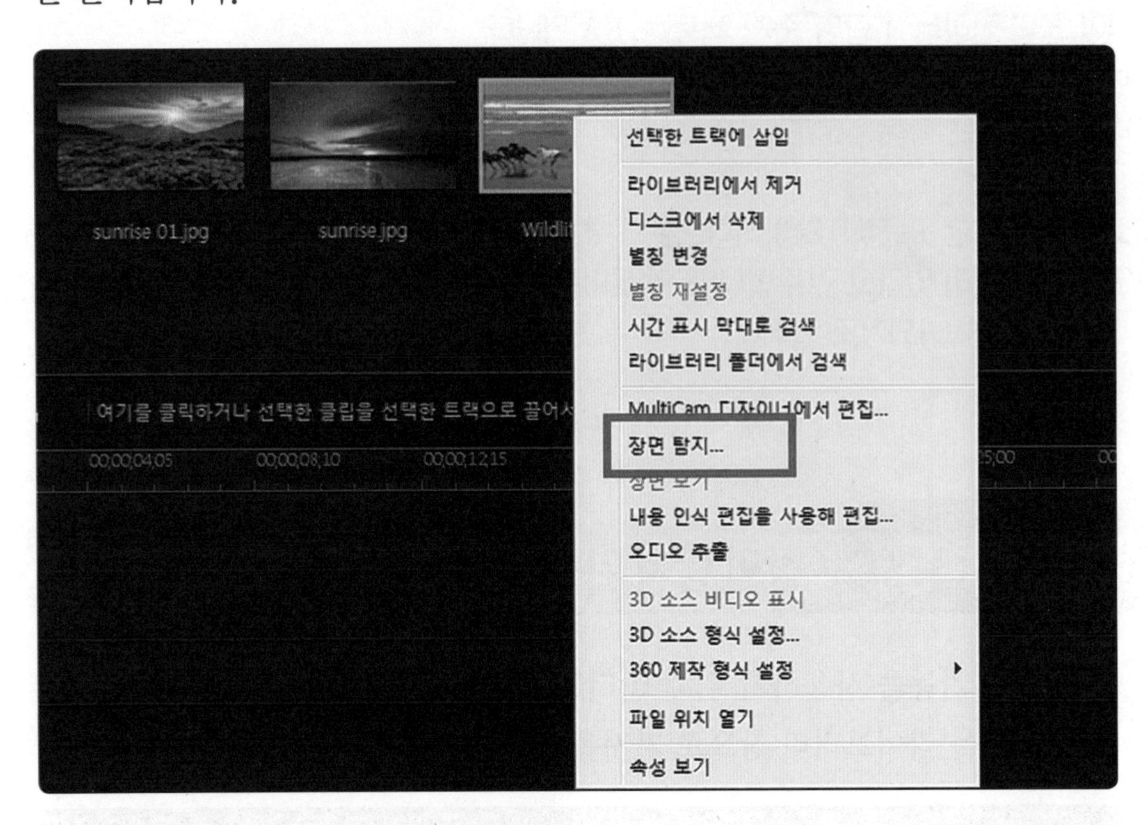

03 오른쪽에 7개의 장면 탐지가 되어서 분리되어 보입니다. 깃발이 꼽힌 곳이 장면 탐지된 곳이고 [클립]으로 되어 있는 상태에서 재생을 하면 7개의 장면이 연속으로 재생이 되고 [세그먼트]로 되어 있으면 선택된 장면만 재생이 됩니다. **확인**을 클릭해서 장면 탐지 창을 빠져나갑니다.

04 라이브러리 창에 탐지된 7개의 영상이 클립으로 보여지게 됩니다. 장면 탐지가 된 영상 중 필요가 없는 클립은 제거를 하면 됩니다.

05 하나의 영상 클립을 장면 탐지기능으로 여러 장면으로 나누게 되면 순서를 타임라인에 바꿔서 영상을 만들 수 있습니다. 직접 순서를 바꾸어서 타임라인에 넣어본 후 재생을 눌러보세요. (장면 0002, 0004, 0006, 0001, 0003, 0005, 0007 순서로 1번 트랙에 추가했습니다.)

06 재생을 하면 오디오와 맞지 않습니다. 이런 작업을 하려면 비디오와 오디오를 분리해서 작업을 해야 합니다. 뒷 과정에서 이러한 작업 과정이 나옵니다.

07 상위 라이브러리 창으로 되돌아가려면 **..**을 더블클릭합니다.

08 장면 탐지된 동영상은 아래와 같이 동영상 클립에 폴더 모양의 버튼이 생깁니다. 폴더 모양 버튼을 클릭하면 해당 동영상 하위 폴더(장면 탐지된 폴더)로 이동하게 됩니다.

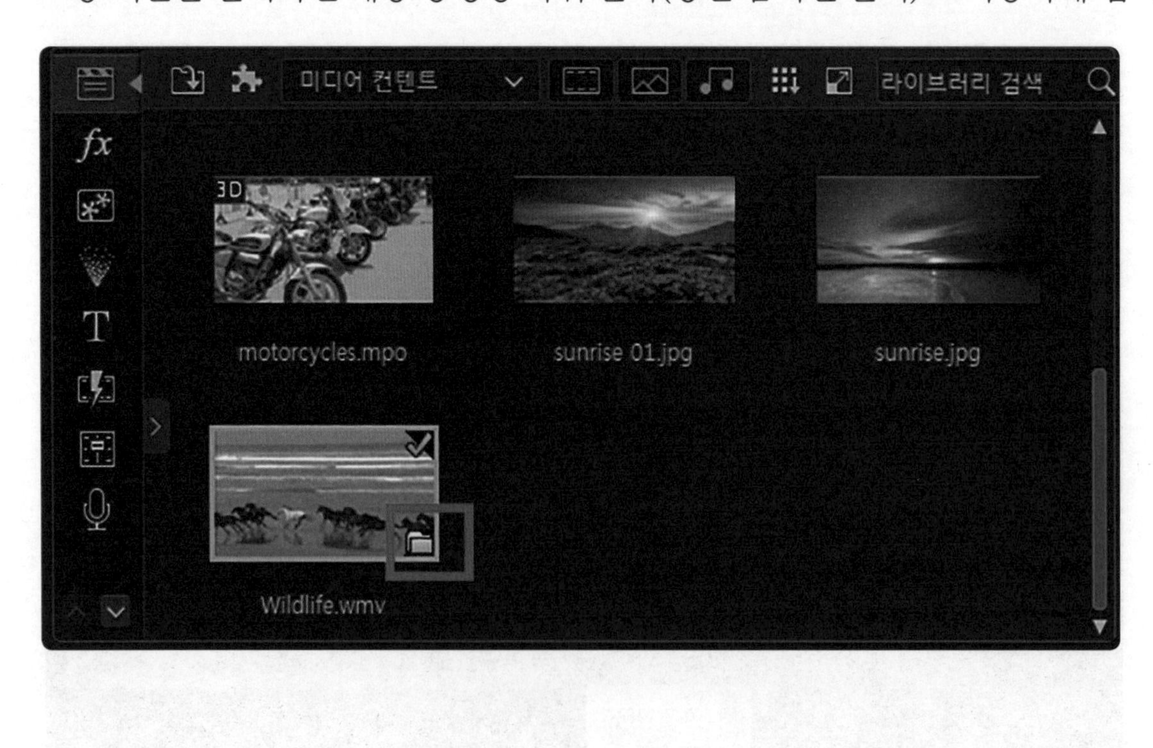

CHAPTER

04 ▶ 타임라인 알아보기

편집 영역에는 6가지 기본 트랙이 있는데 편집트랙 1, 효과트랙, 편집트랙 2, 타이틀트랙, 음성트랙, 음악트랙이 있으며 편집트랙에는 비디오트랙과 오디오트랙이 포함됩니다. 추가 트랙을 추가할 때 비디오 또는 오디오트랙만 선택해서 추가할 수 있습니다.

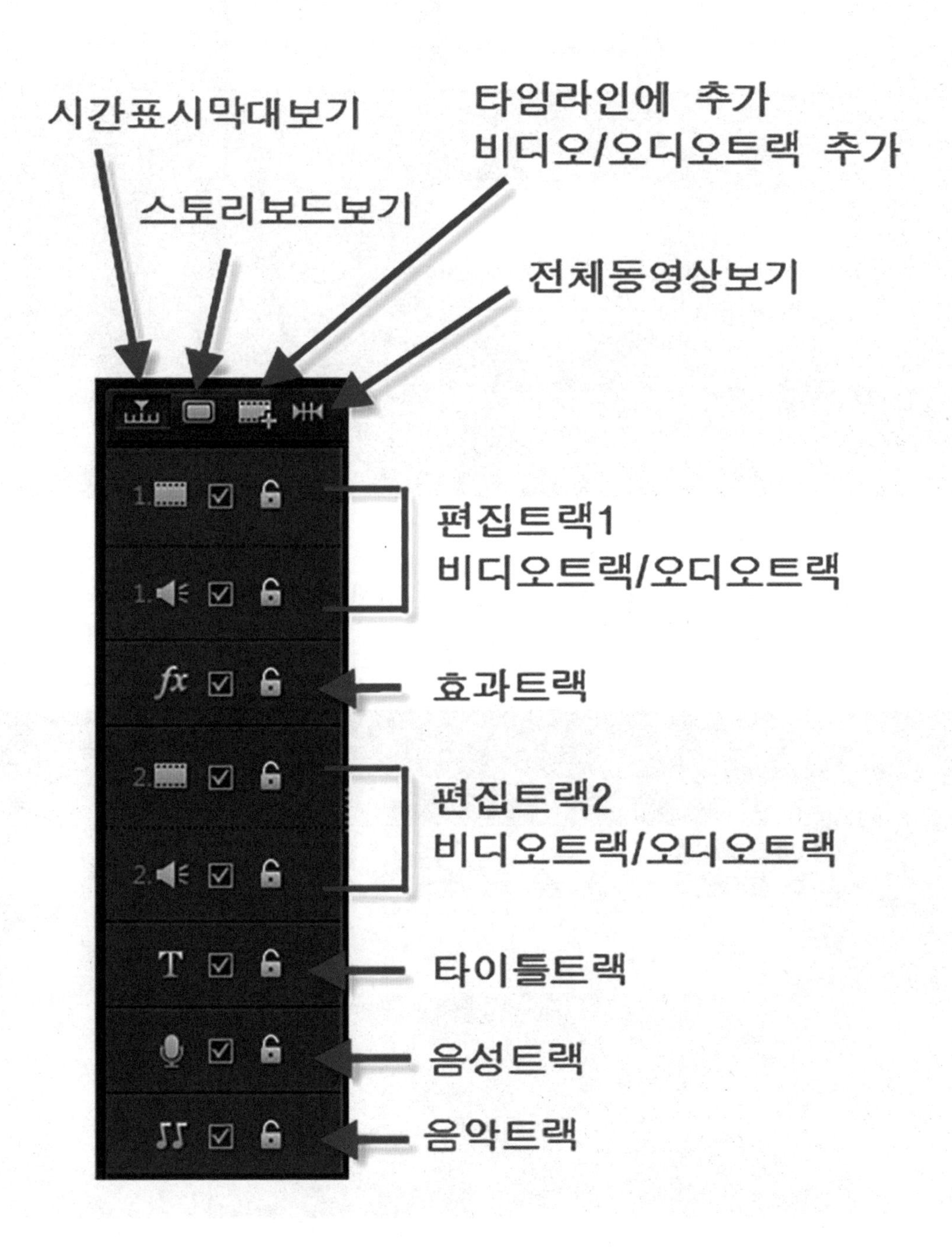

CHAPTER **04-1** 동영상 오디오 조절하기

동영상 클립에서 오디오트랙 음소거하기

01 미디어 파일 가져오기로 **야생**을 가져온 후 타임라인의 편집트랙1에 **Wildlife.wmv**을 삽입합니다.

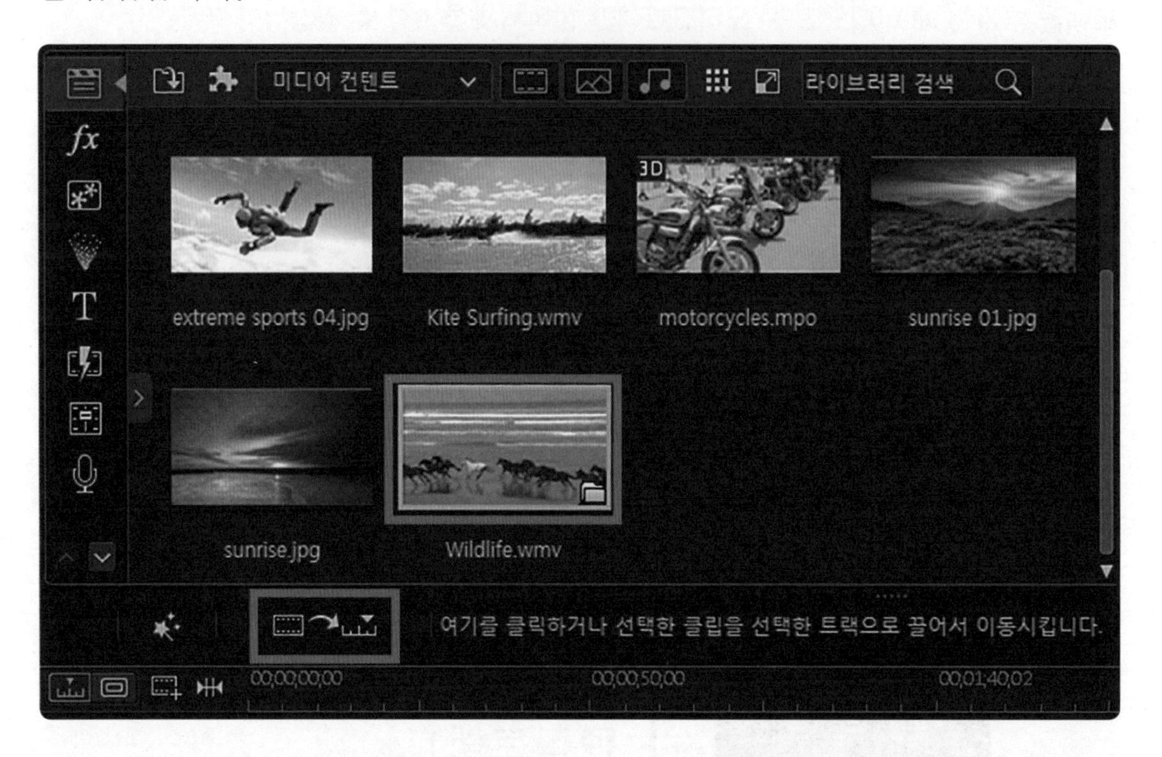

02 트랙1이 ❶비디오트랙과 ❷오디오트랙으로 구성된 것이 보입니다. 동영상은 오디오 소리를 넣지 않아도 자동으로 2개가 들어오게 됩니다.

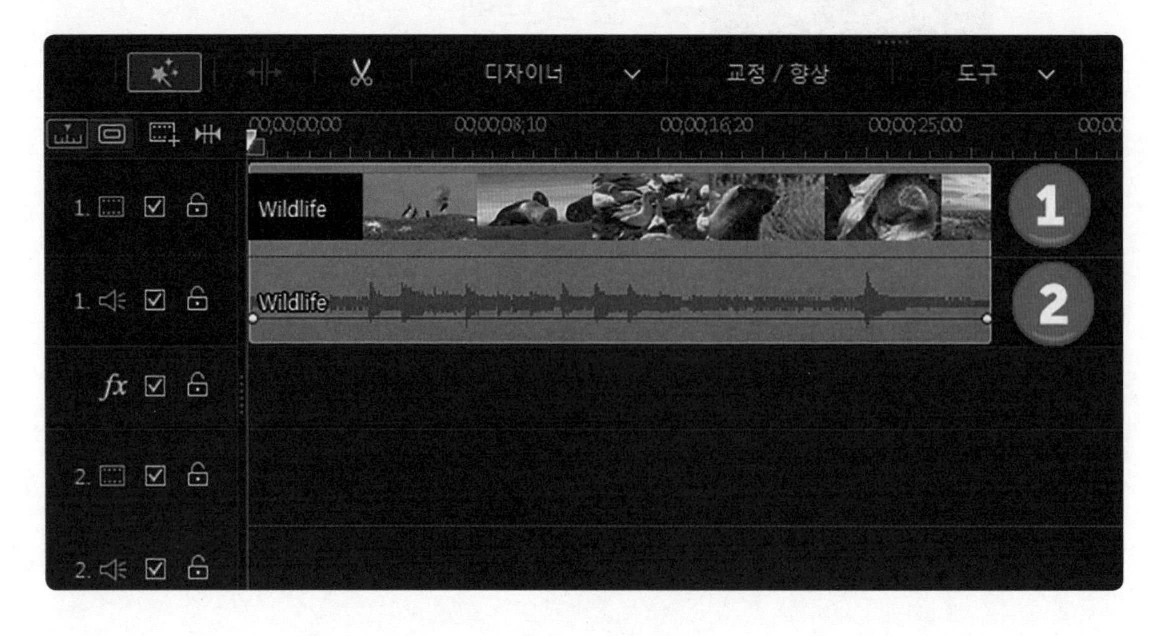

03 아래 오디오트랙의 **체크를 해제**한 후 미리보기 창에서 **재생** 버튼을 클릭한 후 들어보면 소리가 들리지 않는 것을 확인할 수 있습니다.

트랙에서 특정 영상 클립만 음소거하기

01 오디오트랙에 체크 버튼을 클릭해서 오디오가 들리도록 합니다.

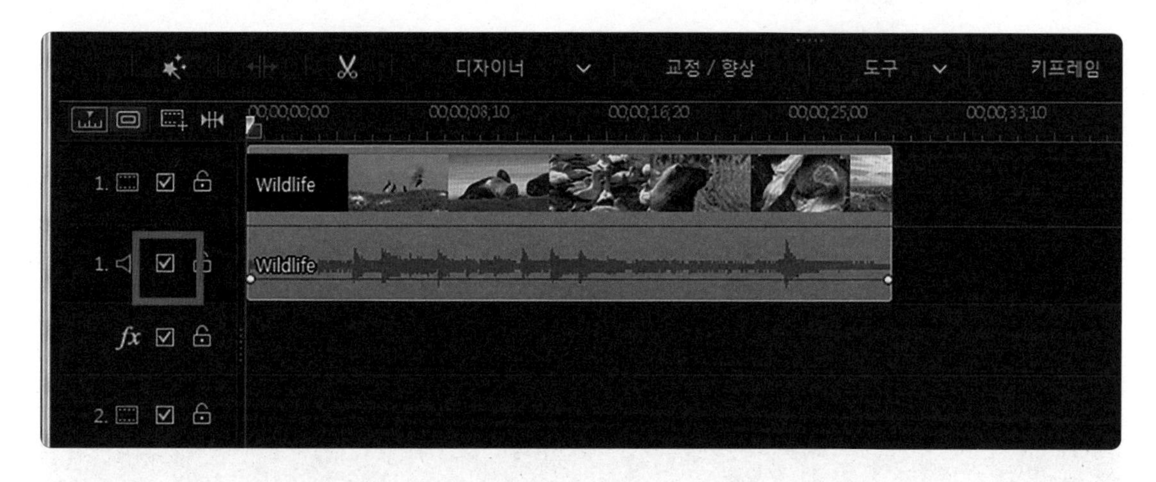

02 해당 영상 클립에서 마우스 오른쪽 버튼을 클릭한 후 **클립 음소거**를 선택합니다.

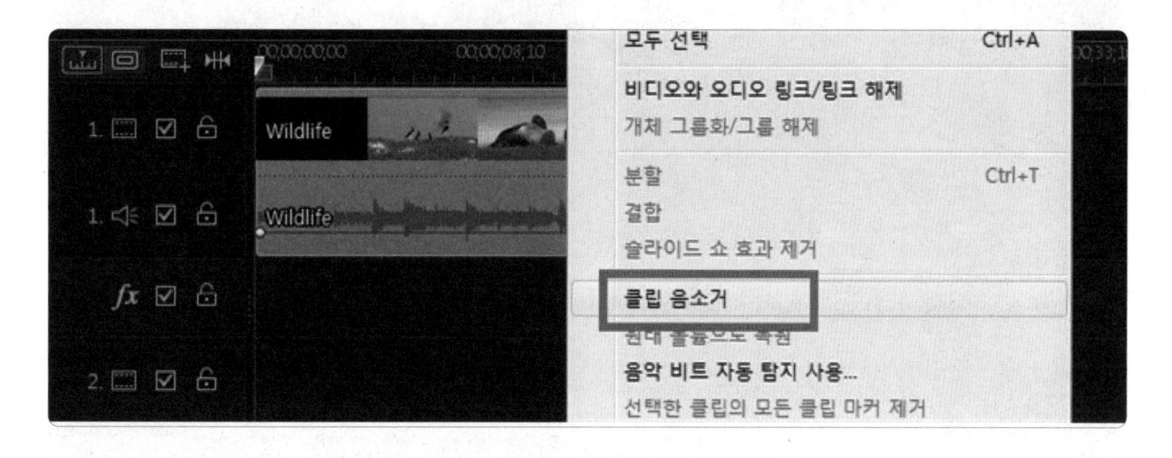

03 오디오트랙의 듣기가 체크되어 있음에도 재생을 해보면 음소거된 것을 알 수가 있습니다. 음소거 전에는 오디오트랙에 Gain(게인)선이 보였는데 지금은 보이지 않습니다.

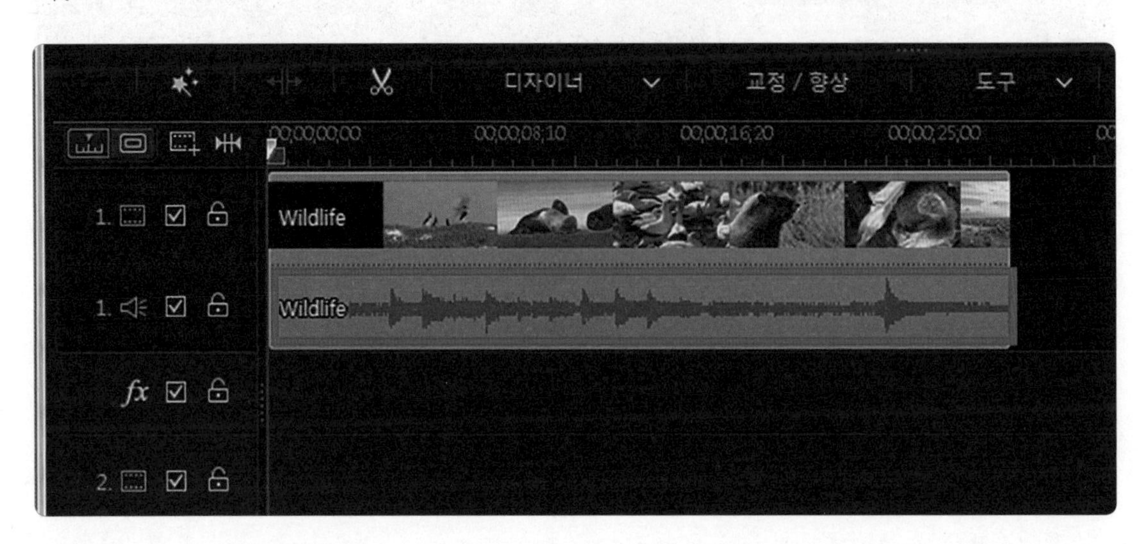

장면 탐지 후 특정 클립 음소거

01 장면 인식 기능을 이용하여 wilelife.wmv를 7개의 장면으로 인식시켜서 트랙1번에 삽입한 후 **장면 0002**와 **장면 0003**에 **클립 음소거**를 적용해보세요.

CHAPTER 04-2 오디오트랙 다루기

01 파워디렉터를 실행한 후 **Kite Surfing.wmv** 동영상을 1번 트랙에 추가합니다.

02 오디오트랙의 빈 곳을 마우스 오른쪽 클릭해서 **오디오 트랙 높이 조정 – 크게**를 클릭해서 조정이 편하도록 높이를 조정합니다.

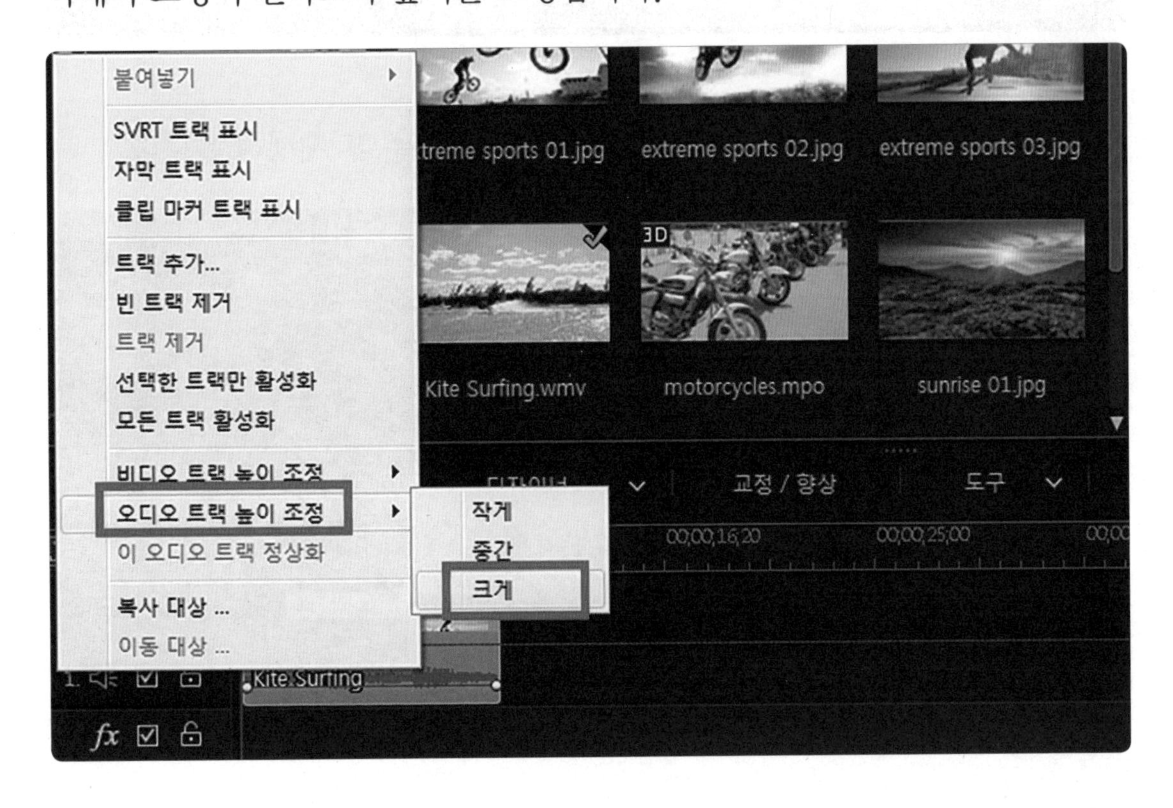

03 아래와 같이 오디오트랙 높이 조정으로 오디오 조절점을 컨트롤하기 편해집니다.

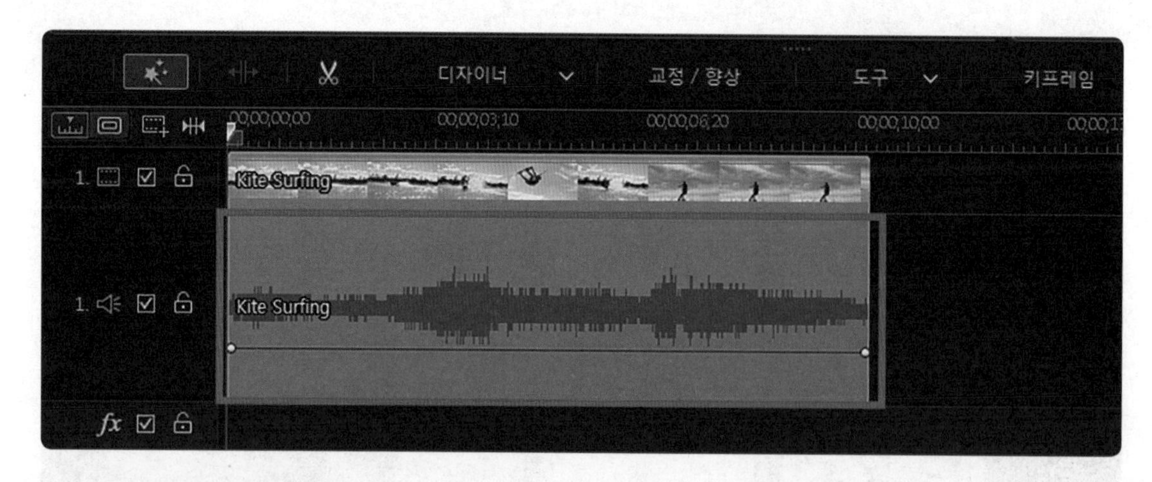

04 오디오 시작 Gain(게인)값을 +10 이상으로 아래처럼 드래그해서 올려준 후 재생해 봅니다.

05 오디오 마지막 Gain(게인)값을 +10 이상으로 올려준 후 재생해 봅니다.

06 오디오의 중간 Gain(게인)값을 0으로 조정하기 위해 중간에 마우스를 올려놓은 후 드래그해서 0값에 맞춘 후 재생해 봅니다.

07 원래의 볼륨으로 복원을 하기 위해 오디오트랙에 마우스 오른쪽 단추를 클릭해서 나오는 메뉴에서 **원래 볼륨으로 복원**을 선택합니다.

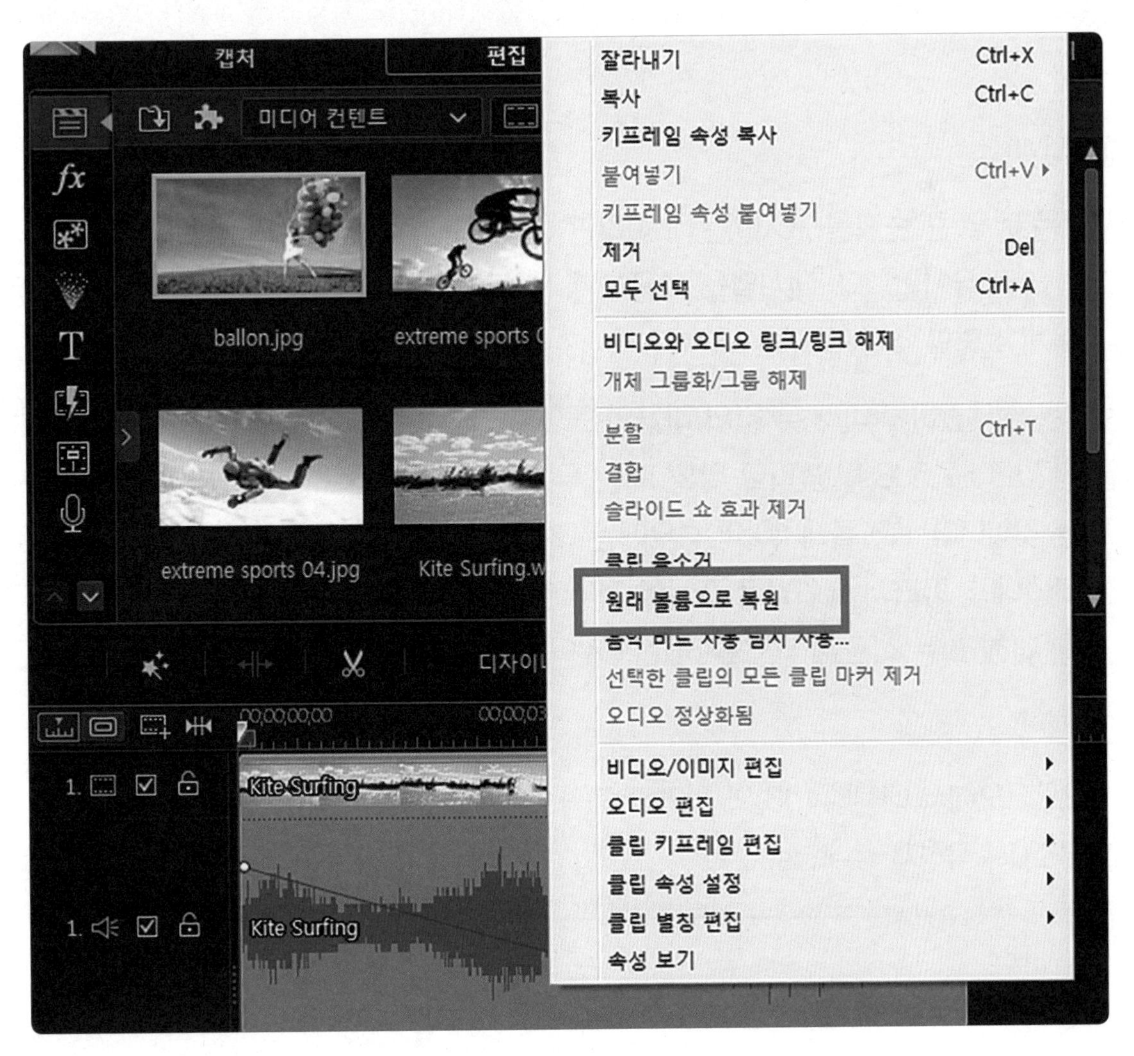

알고 넘어가기

Gain(게인)은 증폭, Volume(볼륨)은 감쇄입니다.

앰프의 게인이 높다는 것은 증폭율이 크다는 의미인데 증폭율이 크면 소리에 힘이 붙는 반면 섬세한 맛이 없어집니다.

반면 볼륨은 증폭된 신호를 듣기 좋게 줄여주는 역할을 하는데 그래서 감쇄기라고도 합니다. 불륨을 키우는 것은 감쇄율을 낮추어주는 것이므로 소리가 커지는 것입니다.

우리가 누구를 부를때 야! 라고 작게 말하고 이 소리를 녹음해서 크게 틀면 볼륨만 높아지는 겁니다.

그런데 야! 라고 직접 아주 큰 소리로 말하면 이건 볼륨도 높고 게인도 높아진 겁니다.

볼륨이 높으면 먼 곳에서도 잘 들리지만, 게인값이 높으면 소리가 부담스러워집니다. 즉, 같은 볼륨에서 어떤 스피커는 편하게 들리고 어떤 스피커는 피곤하게 들린다면 후자는 게인값이 높은 경우가 대부분입니다. 다만, 극단적으로 높거나 낮지 않다면 튜닝의 역할을 하는데 쿨엔 클리어 성향은 게인값이 다소 높은 편이고 부드러운 성향이라고 하면 보통 게인값이 살짝 낮은 경우가 많습니다.

dB(데시벨)

데시벨은 매우 큰 숫자를 표시하는데 편리한 방법이며 우리가 소리의 크기를 인지하는 방식과도 아주 유사합니다. 데시벨을 사용하면 전압, 전력, 음향 출력, 그리고 음압 레벨을 보다 쉽게 설명할 수 있습니다.

데시벨은 절댓값이 아니라 두 값의 비율의 표현할 때 사용합니다. 하나의 CD 플레이어가 다른 기기보다 2.5dB 더 높다고 말할 때는 두 CD 플레이어 사이의 전압의 차이를 표현하고 있는 것입니다. CD 플레이어의 경우에는 데시벨 표시가 각각의 출력 전압에 대한 비율을 나타냅니다. 따라서 데시벨로 표시할 경우에는 "2개의 CD 플레이어"라든지 아니면 "기준 값에 대해"라는 식으로 무엇을 비교한 것인지에 대해 설명이 반드시 있어야 합니다.

[출처] 오디오에서 데시벨 (dB)의 의미와 표기 / 부산오디오 전문점 태하사운드 051-752-3581 | 작성자 teahasound

CHAPTER 04-3 파워 도구 잘라내기

01 **파일 → 새 프로젝트**를 차례대로 실행한 후 미디어 룸에서 **Wilelife.wmv**를 가져와 트랙1에 삽입합니다.

02 편집영역 타임라인의 트랙1 위에 있는 **❶도구**를 클릭한 후 **❷파워 도구**를 클릭합니다.

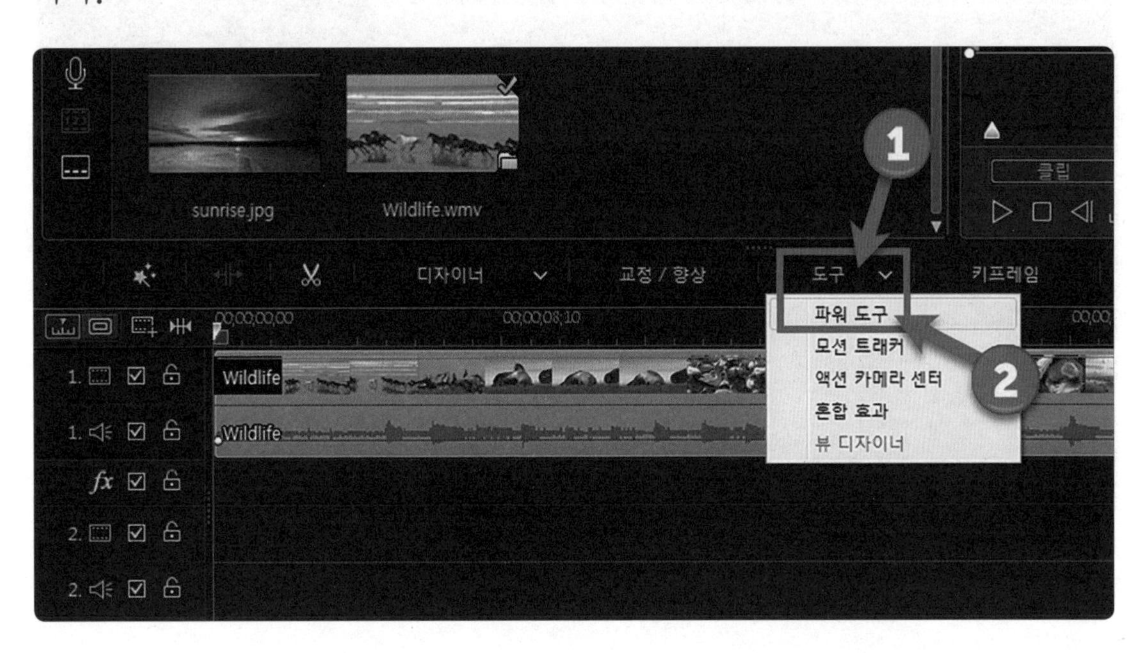

03 **비디오 자르기**를 체크한 후 우측에 나타난 **잘라내기/줌** 버튼을 클릭합니다.

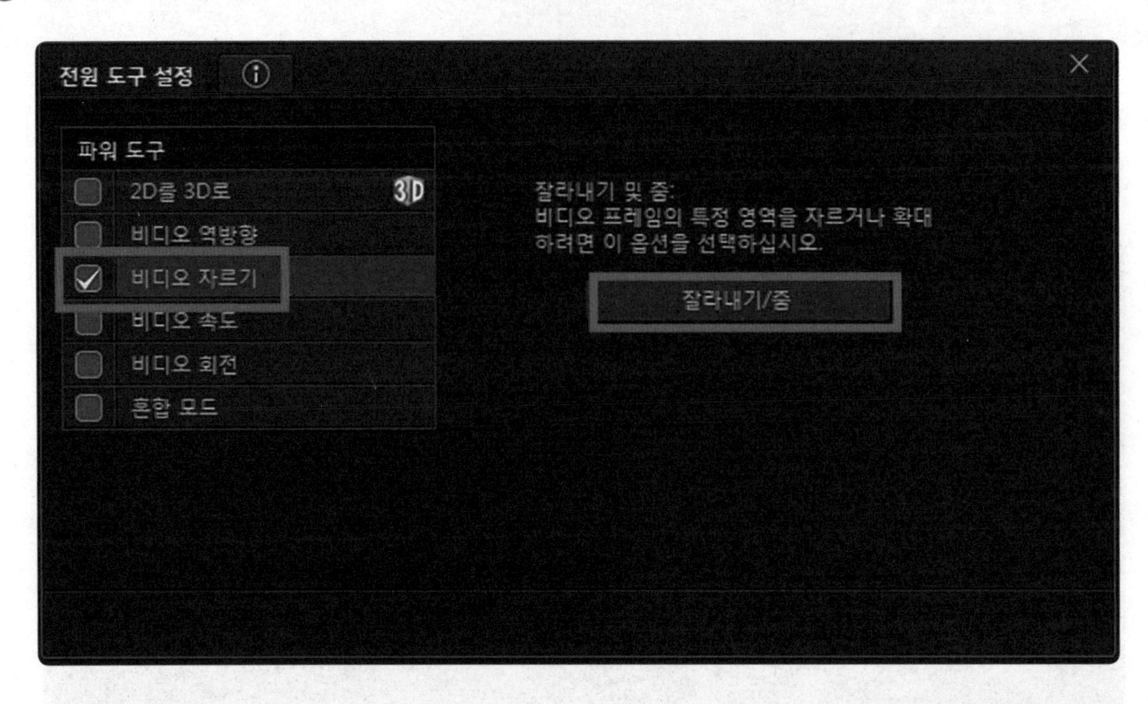

04 **플레이 마커**를 이동한 후 **키프레임 추가** 버튼을 클릭합니다. 키프레임을 추가하는 이유는 동작의 변화를 주는 시점이기 때문입니다. 즉, 진행하다 다른 동작을 하게 되는 시점을 키프레임으로 생각하면 됩니다.

05 **플레이 마커**를 동작이 유지되는 부분에 클릭한 후 **현재 위치에 키프레임 추가** 버튼을 클릭합니다.

06 4번 과정에서 적용한 **키프레임**을 선택합니다.

07 **조절점**을 흰 말에 맞추어 작업하되 조절점 가운데 하늘색 동그라미에 마우스를 올려 놓고 조절점을 이동해서 작업하면 편리합니다. ❶만큼 조절한 크기가 동영상 재생에 ❷전체화면으로 보이게 됩니다. **확인** 버튼을 클릭합니다.

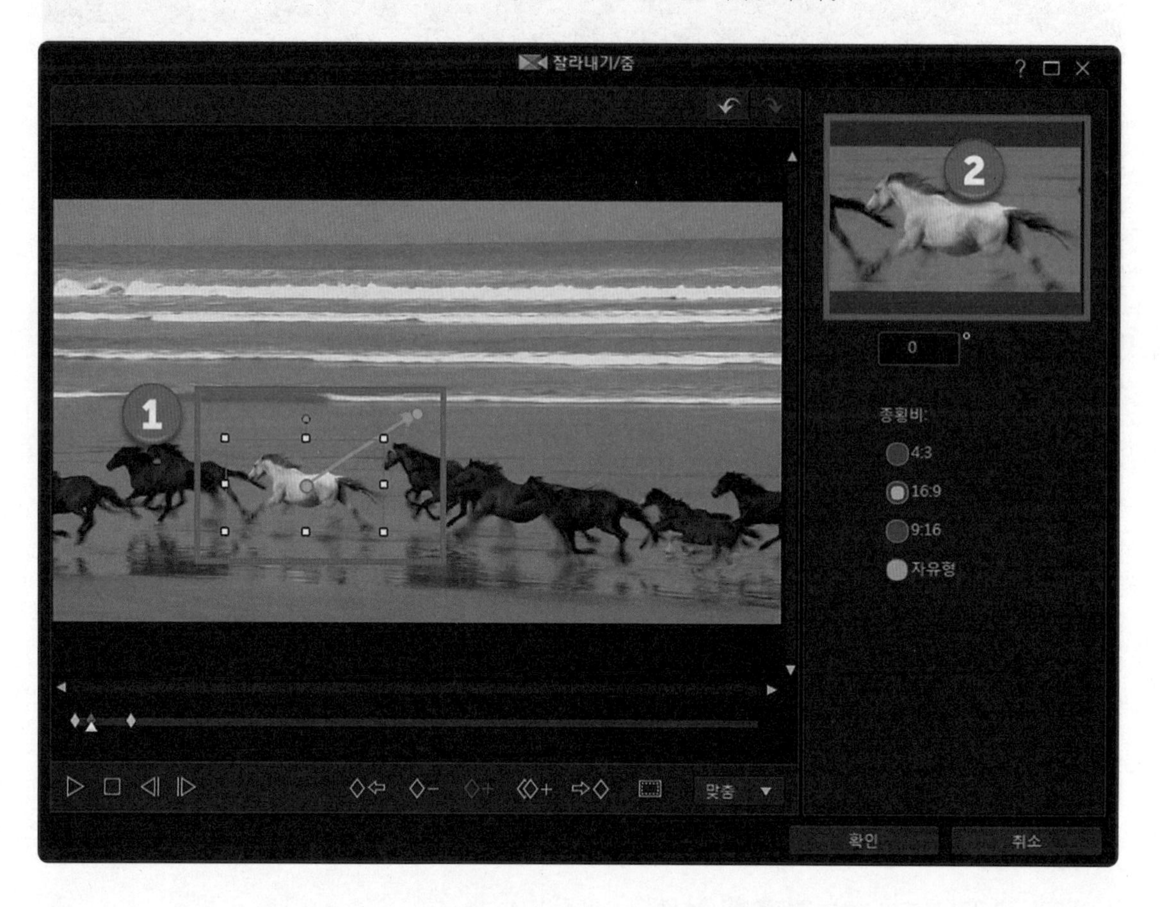

08 미리보기에서 재생 버튼을 클릭하면 정상적인 크기로 달리다가 비디오 자르기를 준 키프레임부터 흰 말이 확대되어 달리면서 점점 원래의 크기로 달리게 됩니다.

CHAPTER 05 ▶ 미디어 분할

CHAPTER 05-1 비디오 단일 다듬기

01 다듬기는 동영상의 시작과 끝을 어디로 할 것인지 정해주는 역할을 합니다. **파일 → 새 프로젝트**를 클릭한 후 **wildlife.wmv** 클립을 트랙1에 삽입한 후 다듬기 버튼인 **가위**를 클릭합니다.

02 **단일 다듬기 기능**을 선택한 후 마크를 두 번째 동영상인 위치에 슬라이딩바에서 이동한 후 **마크 인** 버튼을 클릭합니다.

03 다듬을 끝 위치로 두 번째 동영상이 끝나는 위치로 슬라이딩 바를 이동한 후 **마크 아웃** 버튼을 클릭합니다.

04 **[원본]**이 선택되어 있으면 재생 버튼을 눌러도 모두 재생이 됩니다. **[출력]**을 선택한 후 재생 버튼을 눌러봅니다.

05 **확인** 버튼을 클릭하면 다듬어진 비디오클립만 남게 됩니다.

CHAPTER **05-2** 비디오 다중 다듬기

01 **파일 → 새 프로젝트**를 클릭한 후 **wildlife.wmv** 클립을 트랙1에 삽입한 후 **다듬기** 버튼인 **가위**를 클릭합니다.

미디어 분할

02 다듬기 창이 나오면 상단 탭에서 **다중 다듬기**를 클릭한 후 화면이 변경되면 오른쪽 하단에 있는 휴지통을 클릭해서 기존 세그먼트를 삭제합니다.

03 마커를 다듬기 할 **❶시작 위치**로 이동한 후 **❷마크 인** 버튼을 클릭합니다

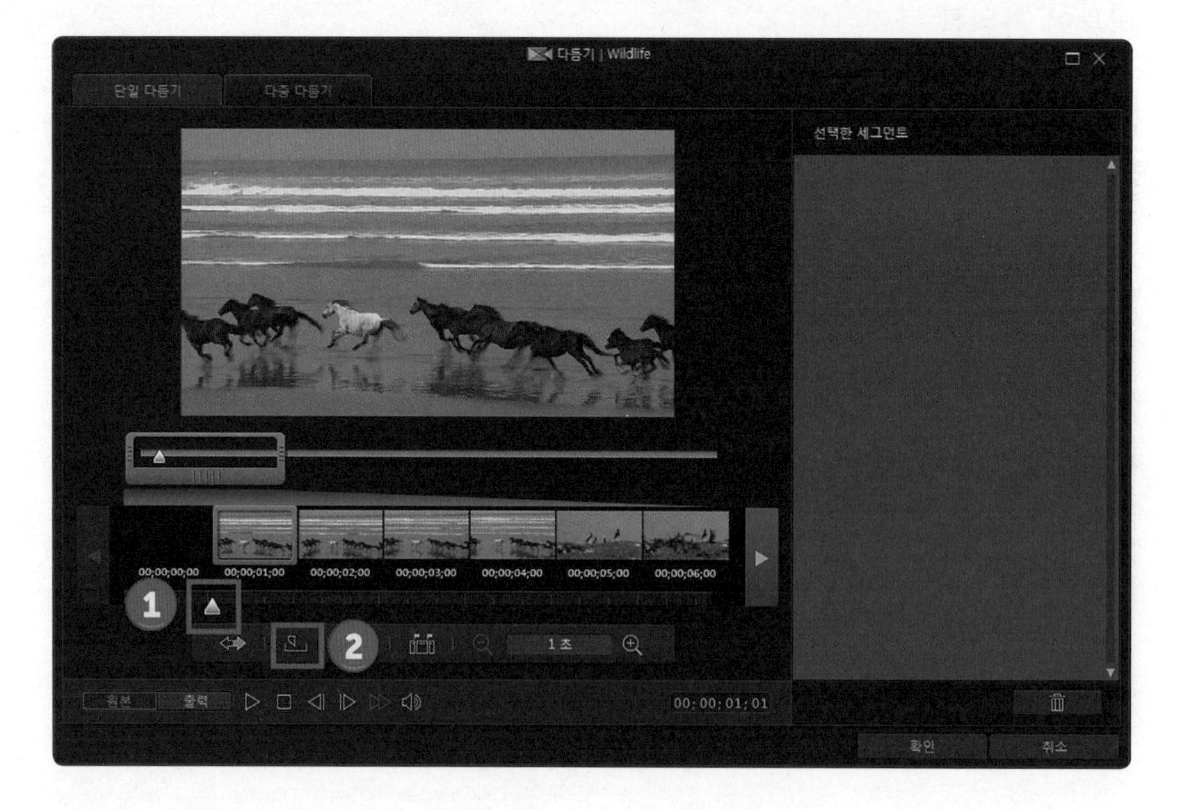

04 다듬기를 ❶**끝낼 위치**에 마커를 이동한 후 ❷**마크 아웃** 버튼을 클릭합니다. 이렇게 해서 첫 번째 다듬기하는 세그먼트가 만들어졌습니다.

05 오른쪽 화면에 세그먼트가 생성된 것을 확인할 수 있습니다.

06 첫 번째 다듬기 끝나는 마크 아웃 위치에서 다시 **마크 인**을 클릭하게 되면 두 번째 다듬기의 시작이 됩니다

07 두 번째 다듬기의 끝으로 마커를 이동한 후 **마크 아웃** 버튼을 클릭하면 두 번째 세그먼트가 생성됩니다.

08 두 번째 다듬기가 끝나면 오른쪽에 세그먼트가 생겼죠? 그럼 **확인** 버튼을 클릭해서 다듬기 작업을 끝내도록 합니다.

09 1번 트랙에 2개의 동영상 클립으로 분할되어 있는 것을 확인할 수 있습니다.

다중 다듬기 속에 있는 장면 탐지

01 **파일 → 새 프로젝트**를 클릭해서 새롭게 작업을 하도록 합니다. 저장할 것인가 묻는 대화상자에서는 **아니오(N)**를 클릭합니다.

02 라이브러리 창에서 **wildlife.wmv**를 트랙1에 삽입한 후 **다듬기** 버튼인 **가위**를 클릭합니다.

03 다듬기 창에서 화면 하단에 위치한 **장면 탐지** 버튼을 클릭한 후 대화상자에서 **예, 장면을 분할하겠습니다**를 체크한 후 **확인**을 클릭합니다.

04 마크 인 위치와 마크 아웃 위치가 7개로 표시가 되었습니다. **확인**을 클릭하면 트랙1이 모두 나누어져 분할되어 있게 됩니다.

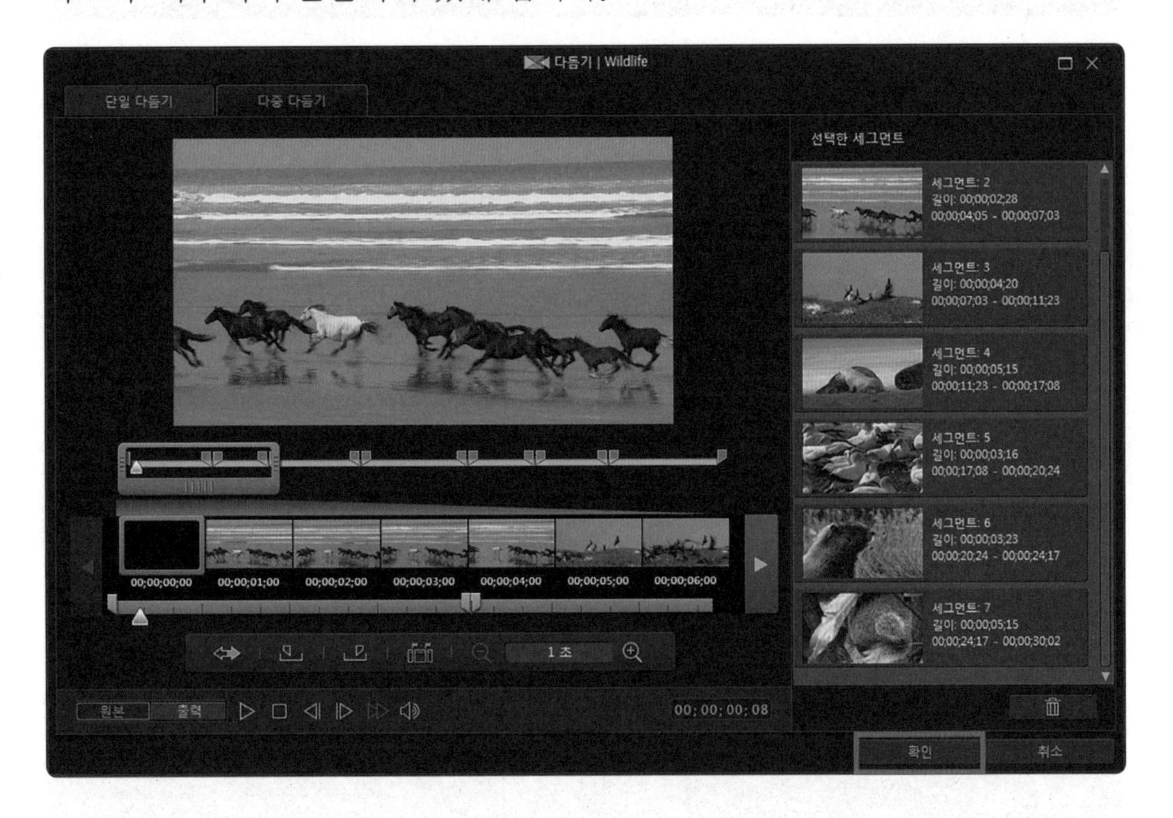

CHAPTER 05-3 미디어 분할하기

01 파워디렉터를 새로 실행한 후 Kite Surfing.wmv 클립을 트랙1에 삽입합니다.

02 시간표시막대 슬라이더에 마우스를 올려놓고 왼쪽 단추를 누른 상태에서 오른쪽으로 드래그해서 트랙에 삽입된 영상을 확대한 후 작업하면 편합니다.

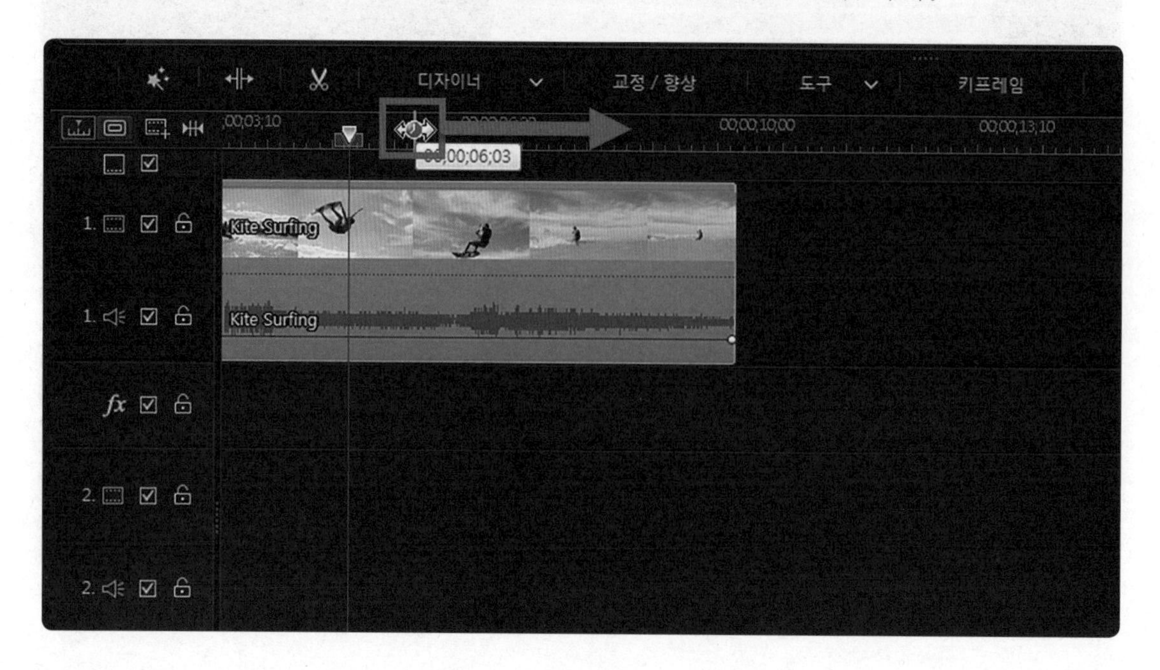

03 동영상 클립이 구분이 확실하게 되면 비디오 클립을 분할하려는 위치로 끌어 놓은 다음 **분할** 단추를 클릭합니다.

04 비디오 클립이 2개의 세그먼트로 분할되며, 나머지 한 부분도 분할을 해서 3개의 세그먼트를 만듭니다.

CHAPTER 05-4 미디어 결합하기

01 앞 과정에서 분할한 동영상의 세그먼트 중 결합하려는 클립을 마우스로 드래그해서 선택합니다.

02 마우스 오른쪽 단추를 클릭해서 **결합**을 클릭하면 하나의 클립으로 합쳐지게 됩니다.

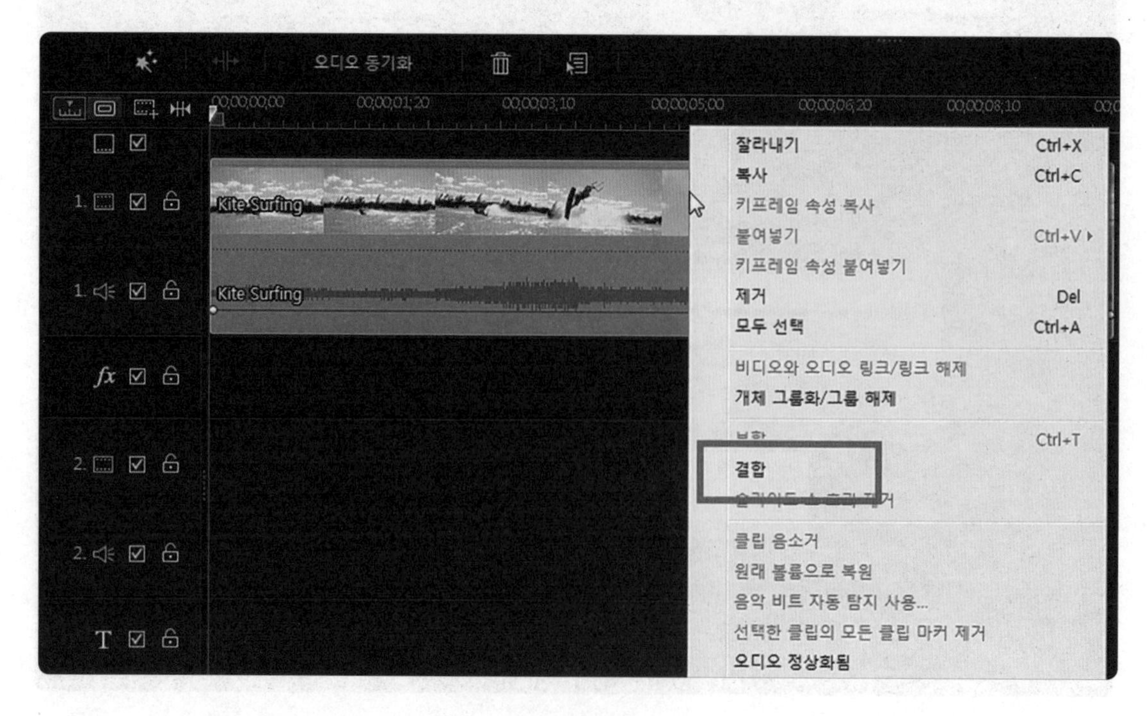

결합이 안되는 이유

01 다른 동영상 클립을 2개를 결합할 수 없습니다.

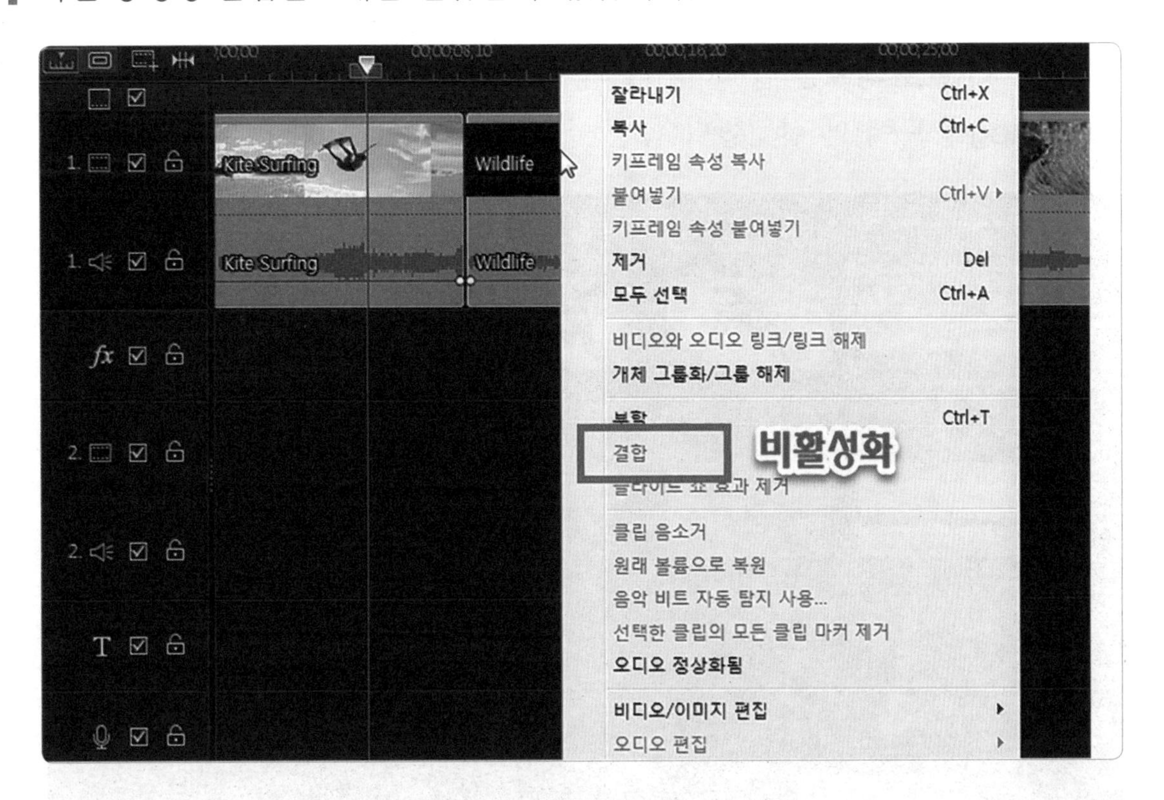

02 순서가 변경된 동영상클립도 결합을 할 수 없습니다.

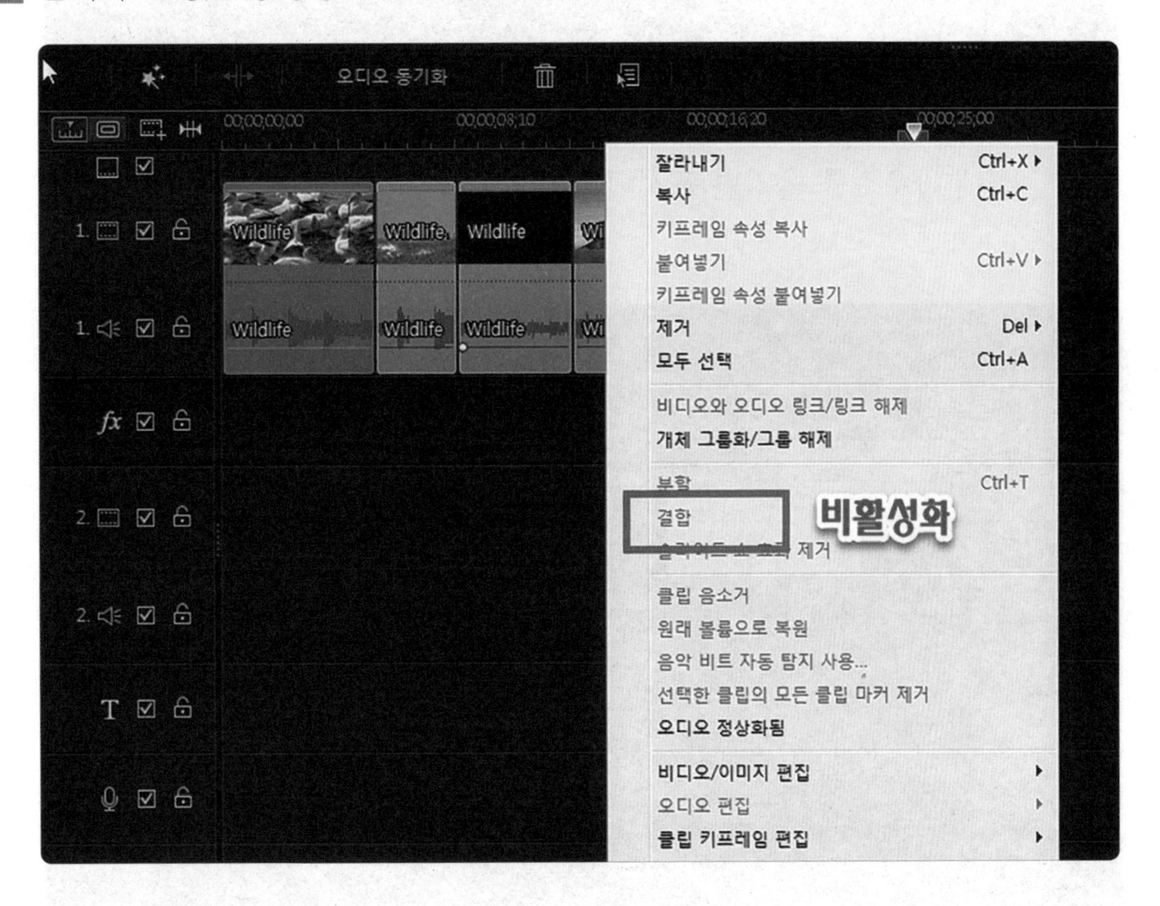

사진 재생시간 조정하기

01 **파일 → 새 프로젝트**를 클릭하거나 파워디렉터를 새로 시작한 후, 샘플 이미지 중 **ballon.jpg**를 트랙1에 삽입합니다.

02 이미지 끝에 마우스를 올리면 표시되는 길이조절 포인터를 오른쪽으로 드래그합니다.

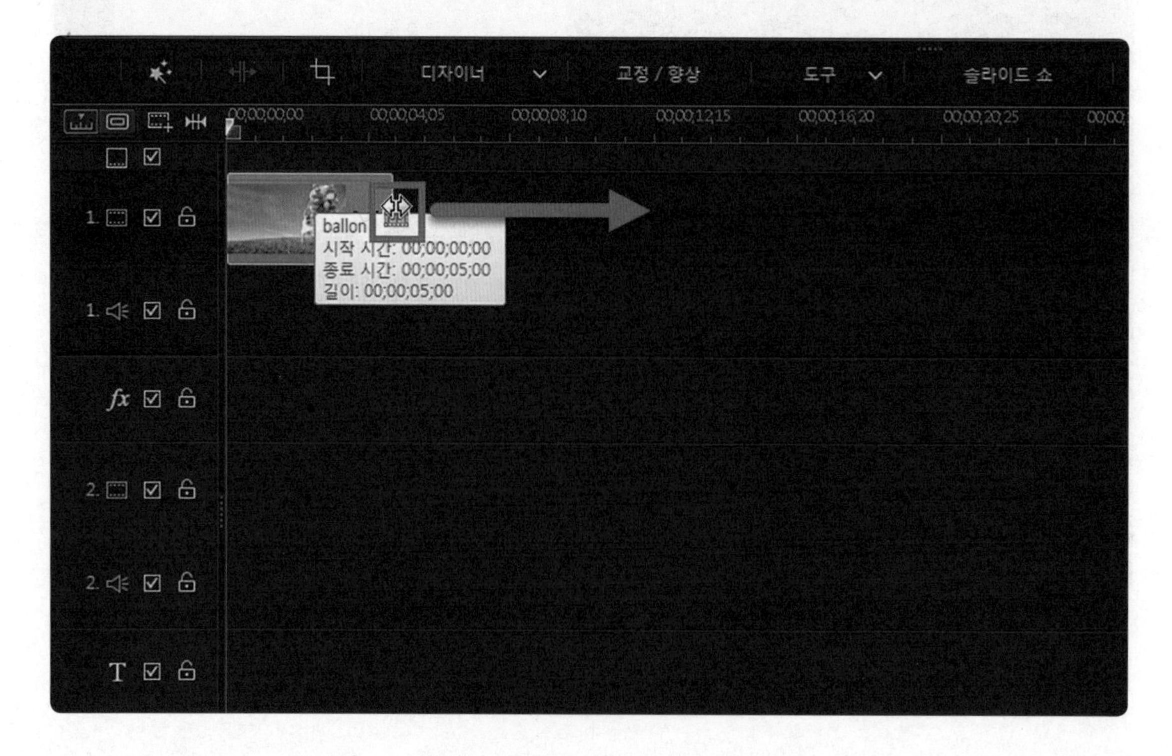

03 이미지의 재생시간을 조절하는 다른 방법으로는 도구모음에서 **길이** 버튼을 클릭합니다.

04 길이 설정 시간을 10:00으로 변경한 후 **확인**을 클릭합니다.

CHAPTER 05-6 동영상 재생시간 조정하기

01 동영상과 오디오는 재생시간을 늘리는 것은 할 수 없습니다. 아래의 마우스 포인터를 보듯 길이를 늘리는 것은 안된다고 표시됩니다.

02 동영상과 오디오의 재생시간을 줄이는 것은 가능합니다. 하지만 동영상이나 오디오는 갑자기 뚝 끊기는 느낌을 갖게 됩니다.

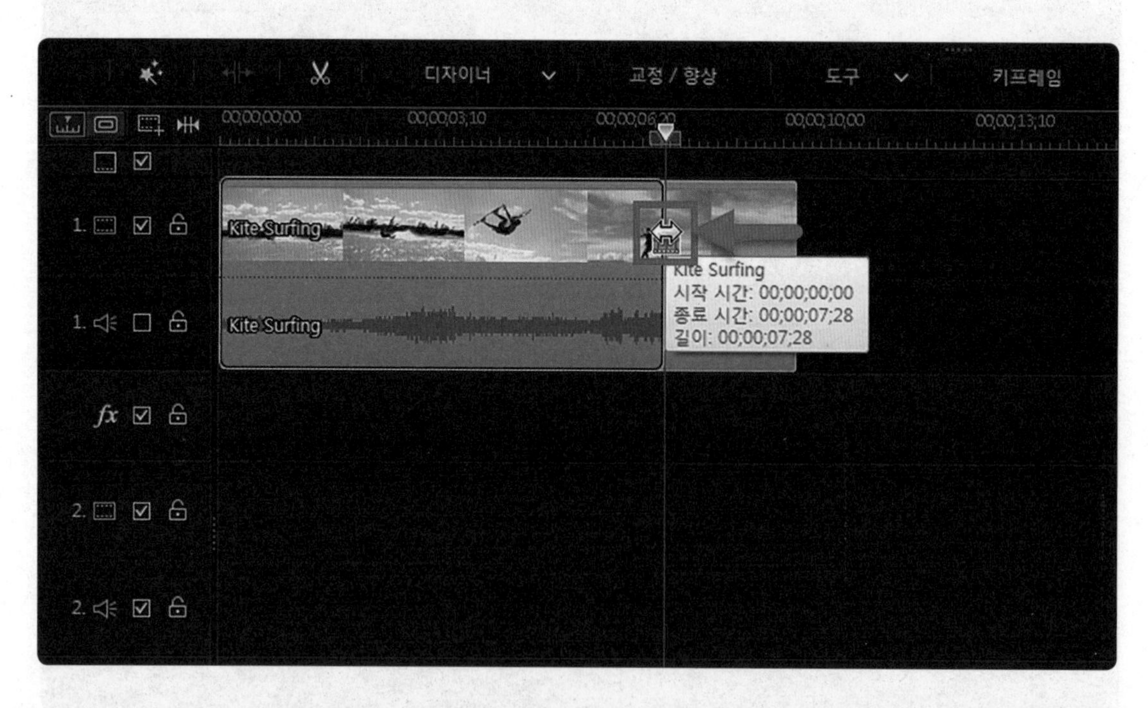

사진은 왜 가능하고 동영상은 불가능한가?

사진은 움직이지 않는 이미지를 몇 초까지 볼 것인지 정할 수 있지만 동영상과 오디오는 이미 재생시간이 정해져 있기 때문에 재생시간을 길게 한다는 것은 안되는거죠. 물론 동영상이나 오디오를 복사해서 붙여넣기로 해결(?)해야 합니다.

CHAPTER

06 ▶ 전환 룸 사용하기

CHAPTER 06-1 사진으로 전환효과 작업하기

01 **파일 → 새 프로젝트**를 실행한 후 **이미지 클립**만 표시한 후 모두 선택해서 순서대로 삽입합니다.

02 트랙에 추가된 1번째 이미지를 선택한 후 상단의 길이 버튼을 클릭해 보면 5초로 설정되어 있습니다. **확인** 버튼을 클릭하고 되돌아 갑니다.

03 1번 트랙에 추가된 이미지 클립을 마우스를 이용해 모두 선택합니다.

04 도구모음에서 **길이** 버튼을 클릭해서 재생 시간을 **3초**로 변경한 후 **확인** 버튼을 클릭합니다.

05 미리보기 창에서 재생 버튼을 클릭합니다. 너무 빠르게 사진이 변경되는 것을 확인할 수 있습니다. 길이를 5초로 다시 설정해 줍니다.

06 클립에서 클립이 바뀔 때 효과를 전환 효과(transition)라고 하는데 **전환 룸**을 선택한 후 **모든 컨텐트**를 선택합니다.

07 라이브러리 탐색창에서 **2D(21)**를 클릭하고 전환 라이브러리에서 **흐림 효과 선**을 선택한 후 사진1과 사진2 사이로 드래그합니다.

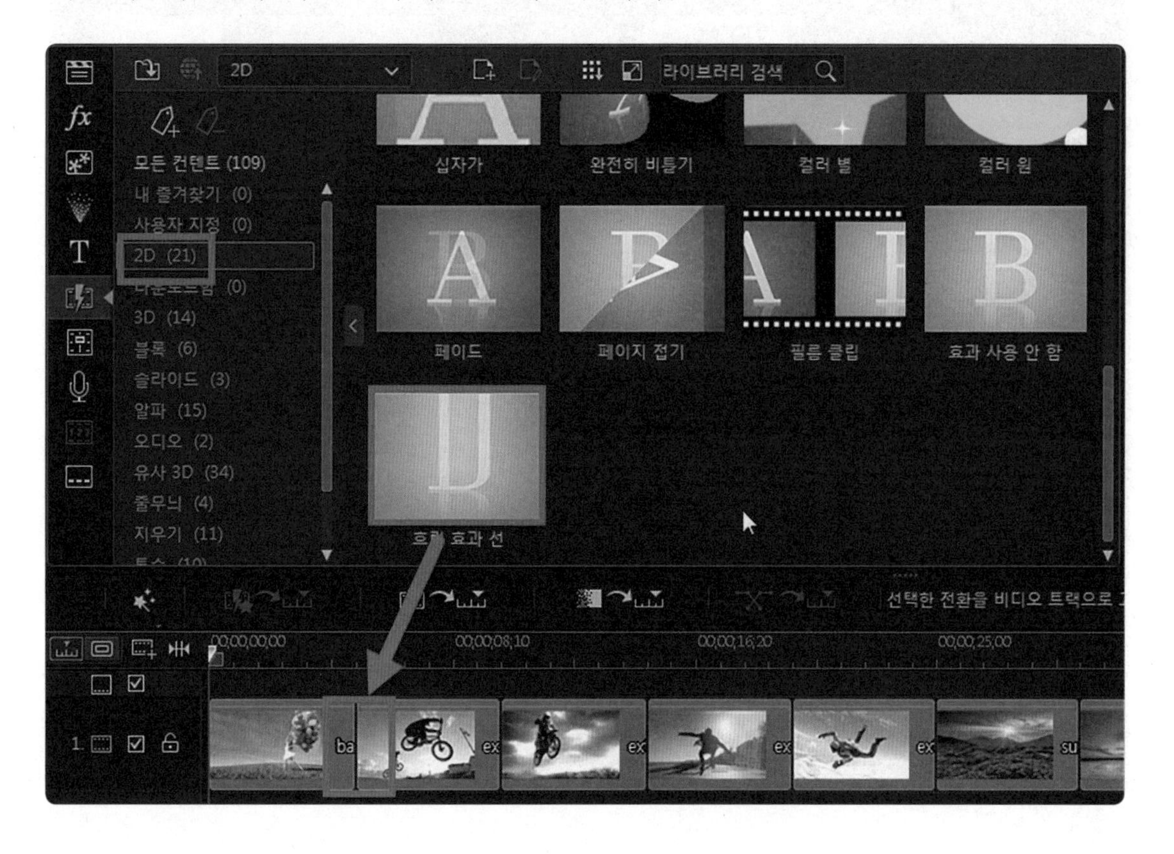

08 아래와 같이 클립 사이에 마우스를 드래그 & 드롭합니다.

09 앞 클립에 전환 효과가 적용된 것이 보이면 재생을 해 봅니다.

10 전환 효과를 수정하기 위해 클립에 추가된 **전환효과** 부분을 더블클릭하거나 클릭한 후 도구모음에서 **수정(M)** 버튼을 클릭합니다.

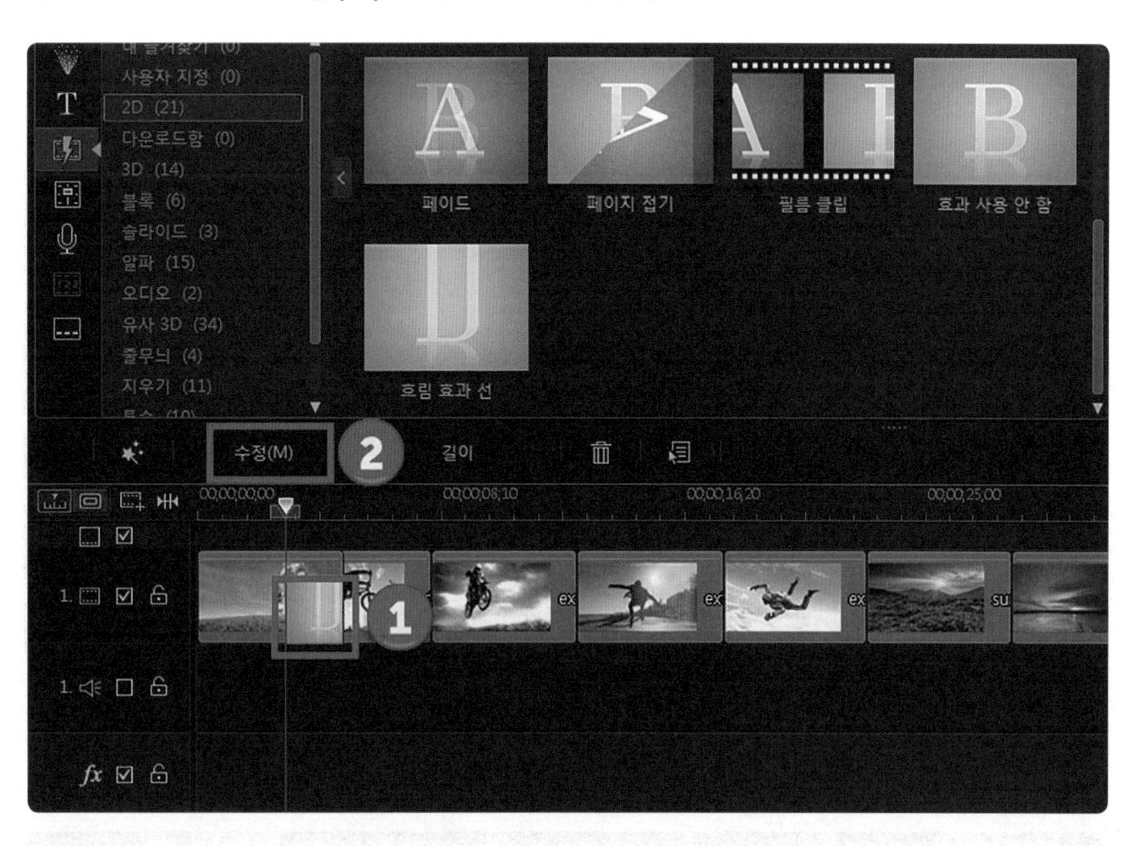

11 ❶**십자가** 동작을 선택하여 ❷처럼 변경되면 ❸**닫기**를 클릭합니다.

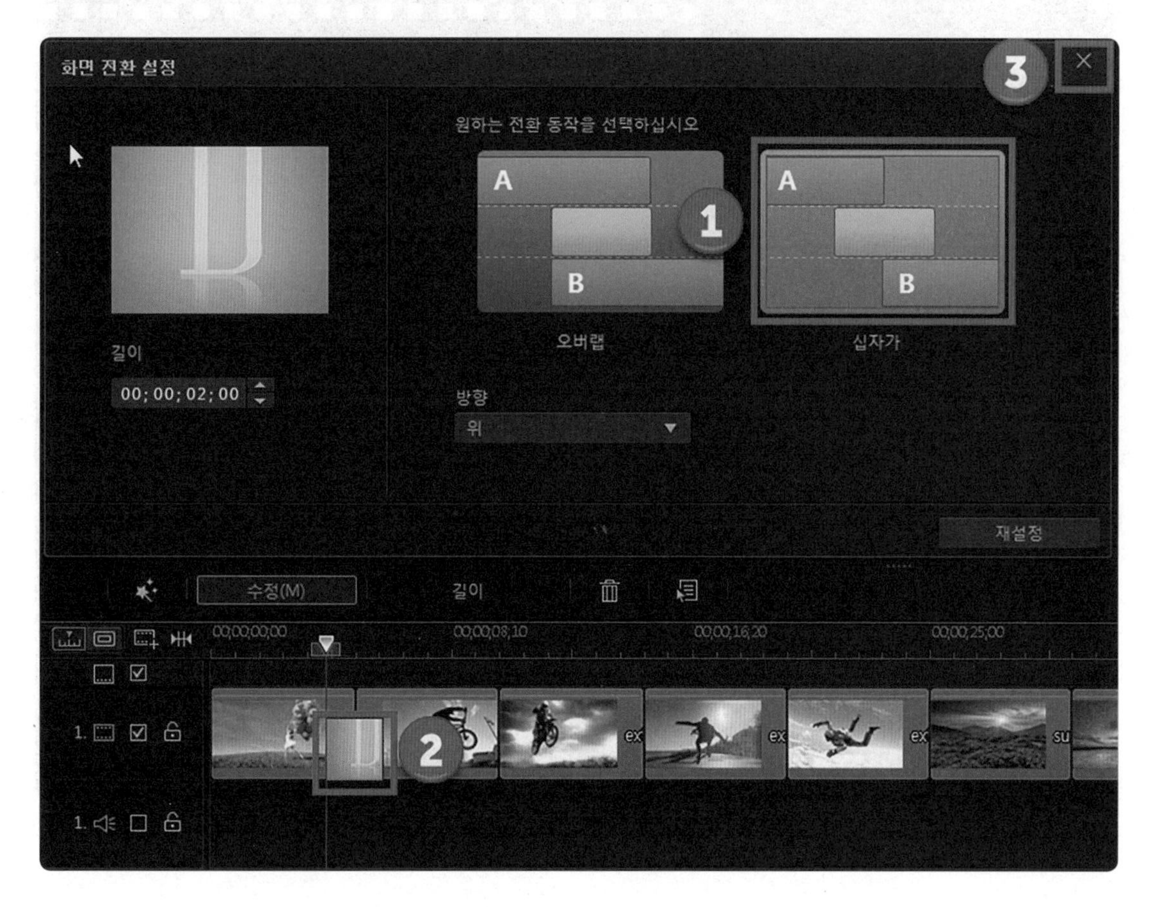

전환 효과 사용하기

12 나머지 클립에 전환효과를 임의적으로 골라서 추가한 후 1번 클립 앞에도 전환효과를 넣어주고 마지막 클립에도 전환효과를 넣어줍니다.

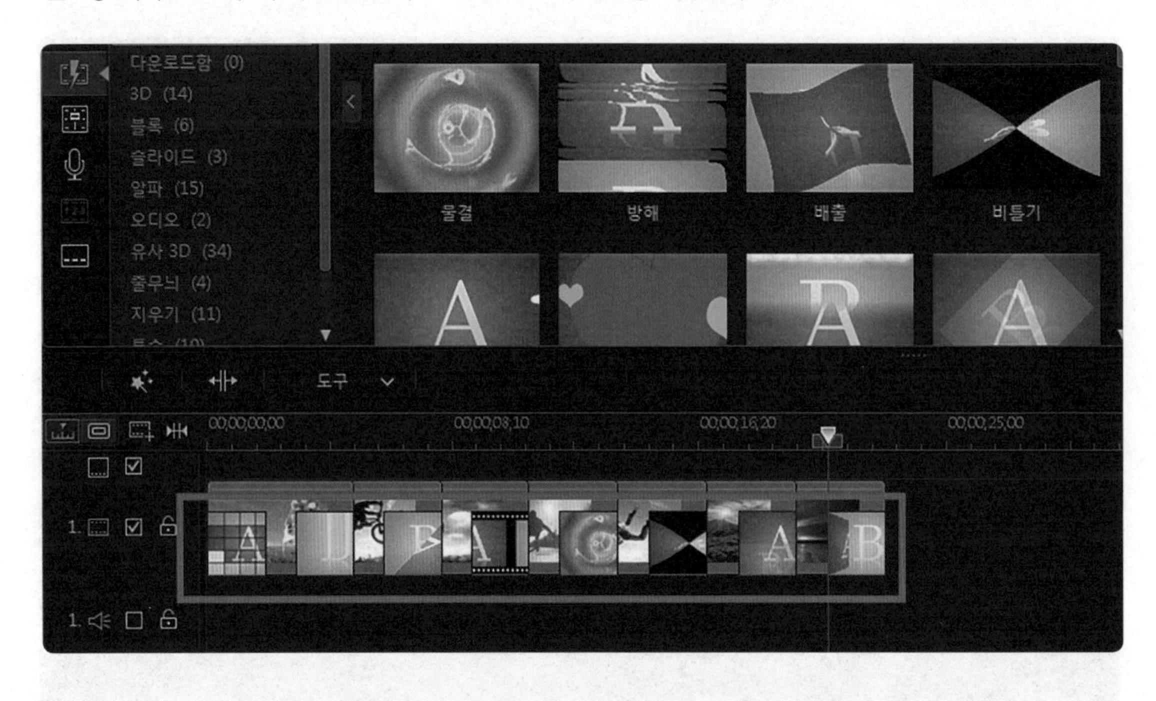

13 미리보기 창의 재생 버튼을 클릭해서 작업결과를 확인합니다.

CHAPTER 06-2 동영상으로 전환효과 작업하기

01 새 프로젝트에서 **WildLife.wmv** 영상을 장면 탐지한 후 1번 트랙에 삽입합니다.

02 **전환 룸**을 클릭한 후 **무작위 전환효과 모두 적용** 버튼을 클릭합니다.

03 **오버랩 전환**을 클릭하면 클립 사이에 전환효과가 적용이 됩니다.

04 다시 **무작위 전환효과 모두 적용** 버튼을 클릭하여 **접두 번호 전환**과 **접미 번호 전환**을 클릭합니다. 재생하면 다른 컴퓨터에서 작업하는 결과와 전환효과가 서로 다르게 보입니다.

■ 전환효과 수정

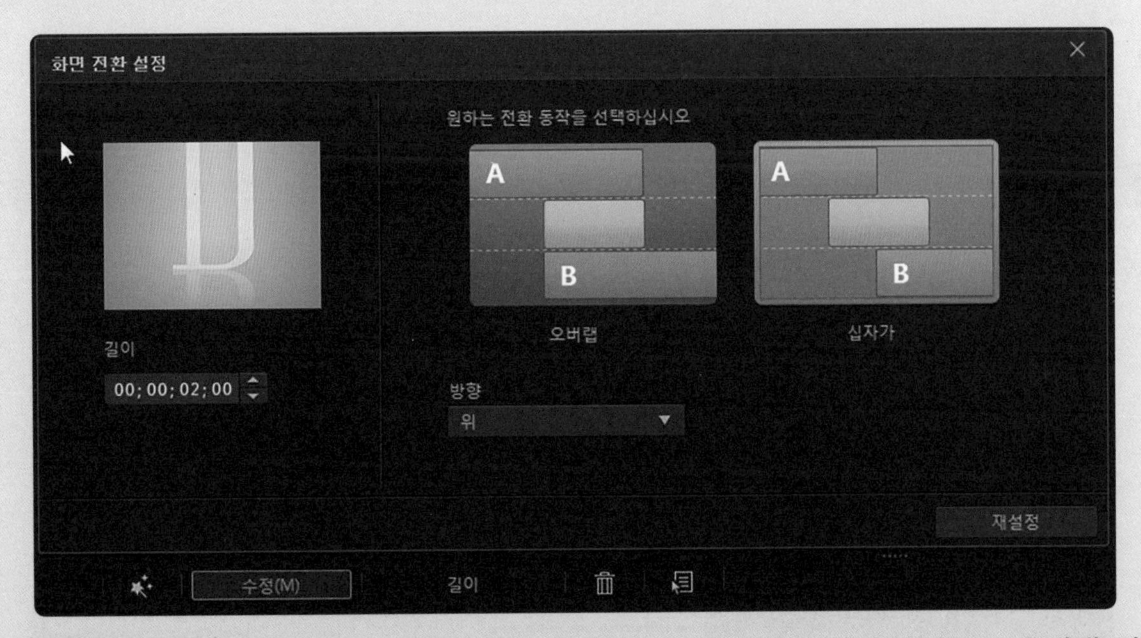

미디어 클립 2개 사이에 장면 전환을 끌어 놓은 후에 장면 전환은 기본적으로 오버랩 전환으로 설정됩니다. 오버랩 전환으로 설정할 때 장면 전환 아이콘이 1번째 미디어 클립 끝에만 있는 것처럼 보입니다. 하지만 실제로 2번째 미디어 클립의 맨 앞에도 있으며 2번째 클립은 1번째 클립에 의해 중첩되어 있는 것입니다. 장면 전환 중에 두 미디어 클립의 컨텐트는 동시에 표시됩니다.

오버랩 전환은 장면 전환이 생길 때 미디어 클립 2개의 컨텐트를 중첩합니다.

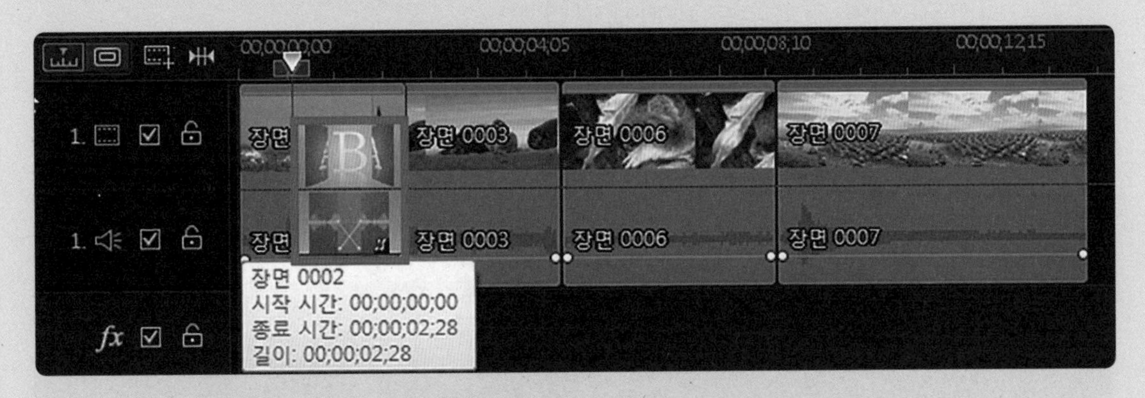

크로스 전환은 미디어 클립 2개 사이에서 다리 역할을 합니다.

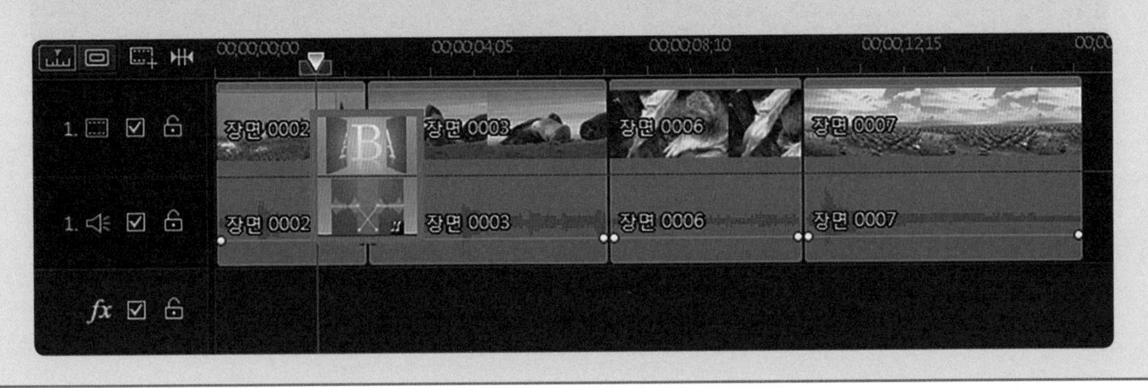

CHAPTER 06-3 전환효과 내 즐겨찾기로 구성하기

장면 전환은 사용하던 것을 또 사용할 확률이 높기 때문에 장면 전환을 즐겨찾기에 추가할 수 있습니다.

01 즐겨찾기에 추가하려는 장면 전환을 마우스 오른쪽 단추로 클릭합니다. **내 즐겨찾기 → 추가**를 선택합니다. 2D → **물결**도 즐겨찾기에 추가를 위와 같이 실행합니다.

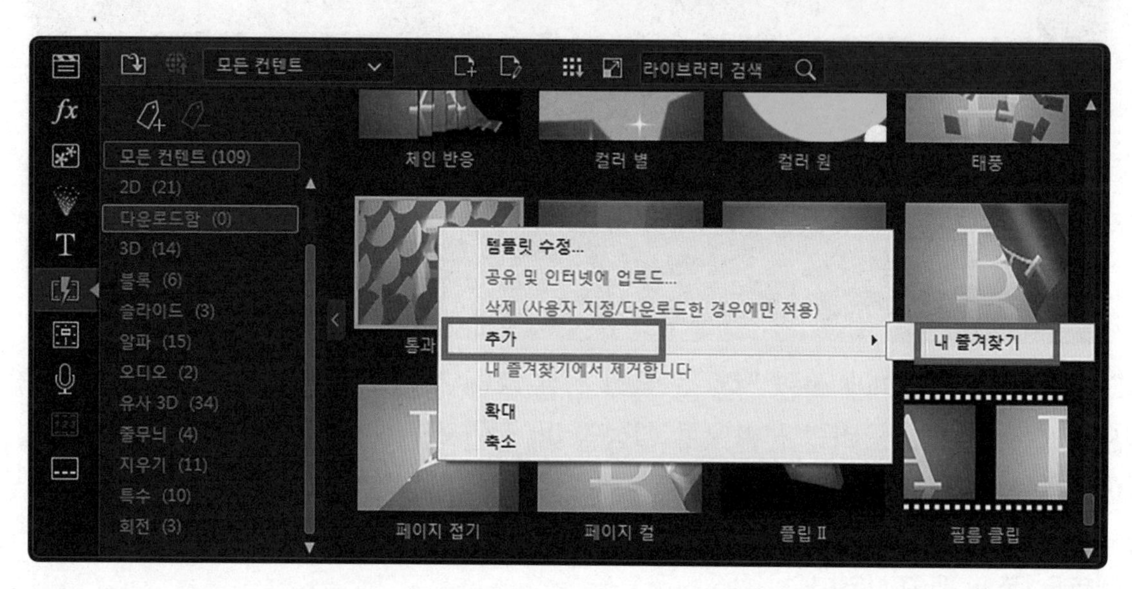

02 즐겨찾기에 장면 전환을 추가한 경우 내 즐겨찾기 태그에 해당 번호가 표시되어 즐겨찾기로 태그된 장면 전환수를 나타냅니다.

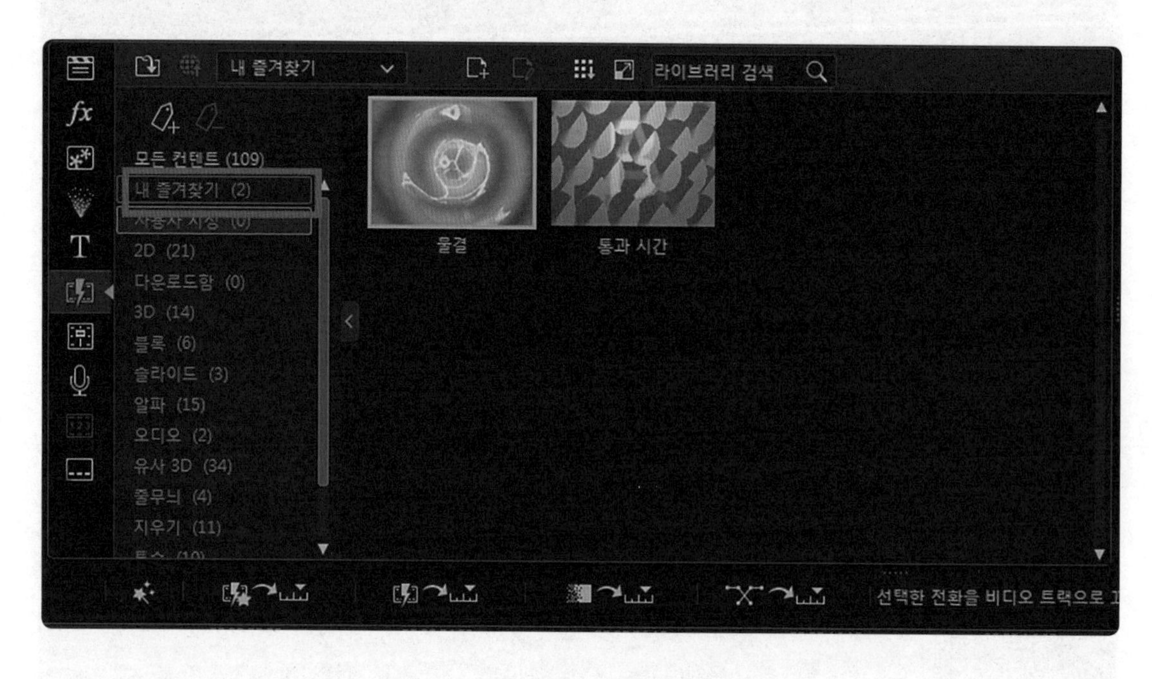

03 아래와 같이 즐겨찾기를 추가해 줍니다.

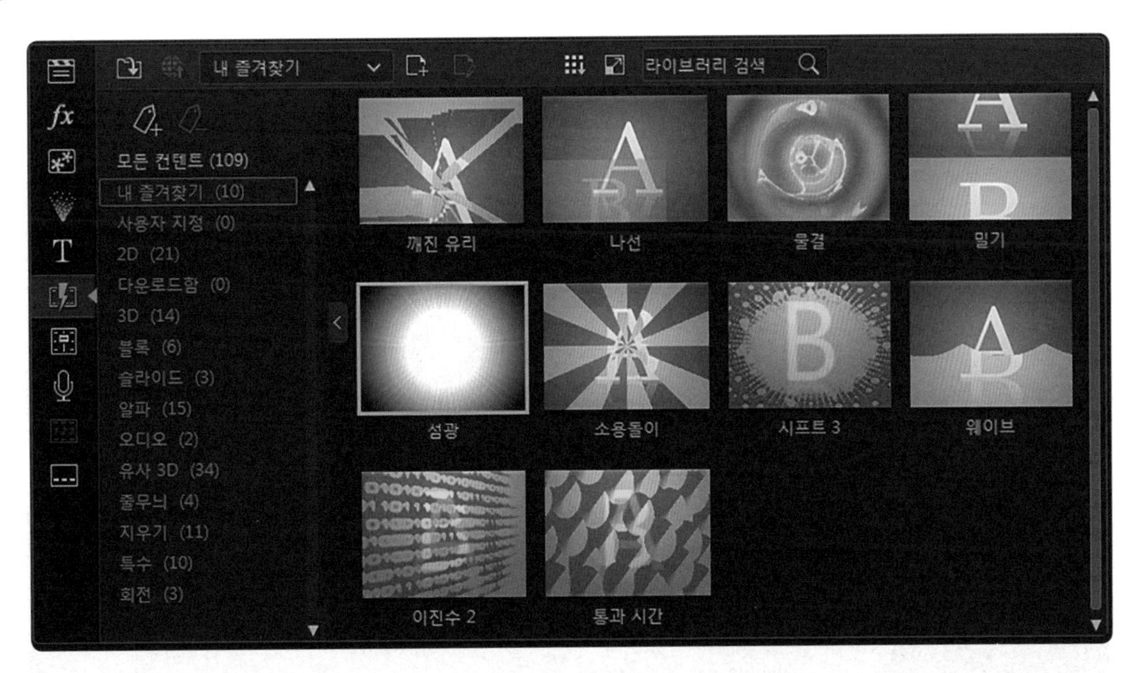

04 물결과 통과 시간을 즐겨찾기 구성에서 제거하려면 해당 즐겨찾기에 마우스 오른쪽 단추를 눌러서 **내 즐겨찾기에서 제거합니다**를 클릭합니다.

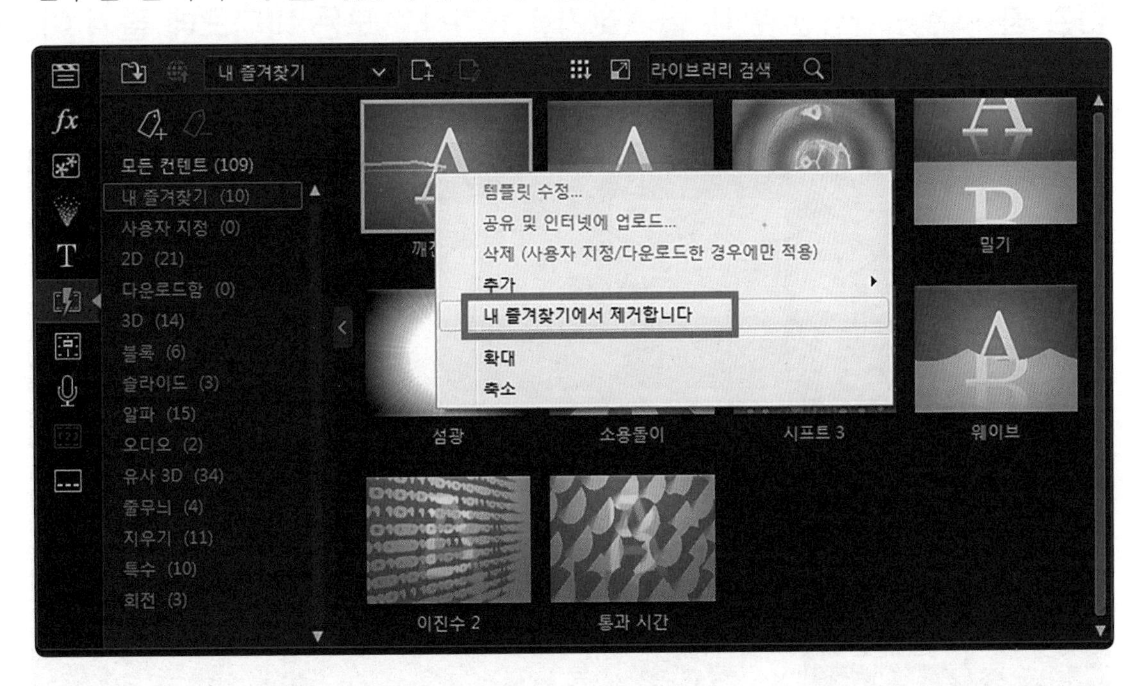

알고 넘어가기

내 즐겨찾기에 추가된 장면 전환은 원래 위치에서 움직이지 않고 단지 즐겨찾기로 표시됩니다(태그 포함). 내 즐겨찾기에서 장면 전환을 삭제하더라도 장면 전환이 삭제되지 않고 여전히 장면 전환 라이브러리에는 남게 됩니다.

즐겨찾기 장면 전환 순간 적용하기

01 **파일 → 새 프로젝트**를 차례대로 실행한 후 Wildlife.wmv를 장면 탐지한 클립을 트랙1에 삽입합니다.

02 **전환 룸** 버튼을 클릭한 후 **내 즐겨찾기**를 클릭하고 **모든 비디오에 즐겨 이용하는 전환 효과 적용** 버튼을 클릭합니다.

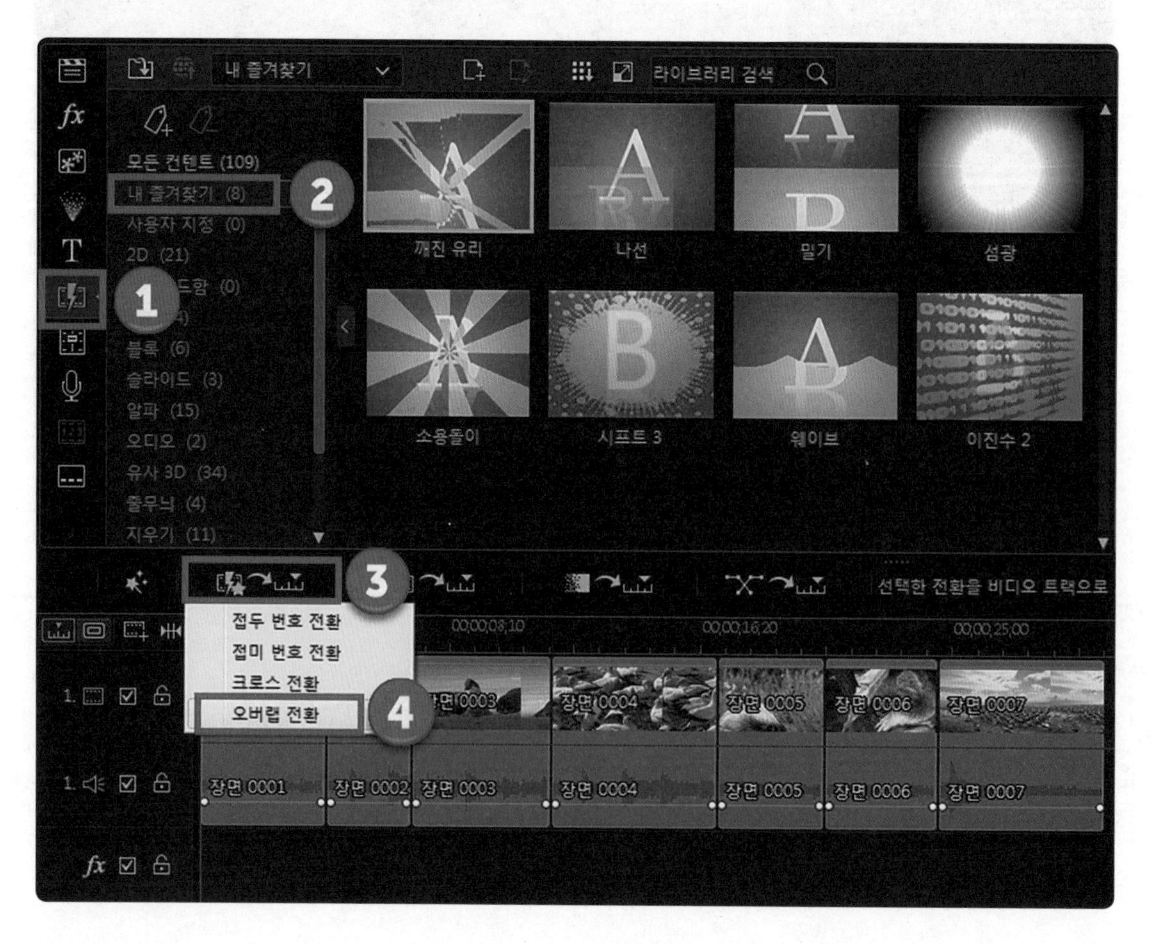

CHAPTER 07 ▸ 효과 룸 사용하기

CHAPTER 07-1 효과 추가하기 ▸▸▸

01 **파일 → 새 프로젝트**를 실행한 후 **Kite Surfing.wmv** 동영상 클립을 트랙1에 삽입합니다.

02 **효과 룸** 버튼을 클릭한 후 **만화경**을 선택한 후 **효과 트랙에 추가**를 클릭합니다.

03 효과 트랙에 추가된 만화경의 길이를 트랙1에 맞춰서 조절한 후 도구모음에서 **수정** 버튼을 클릭합니다.

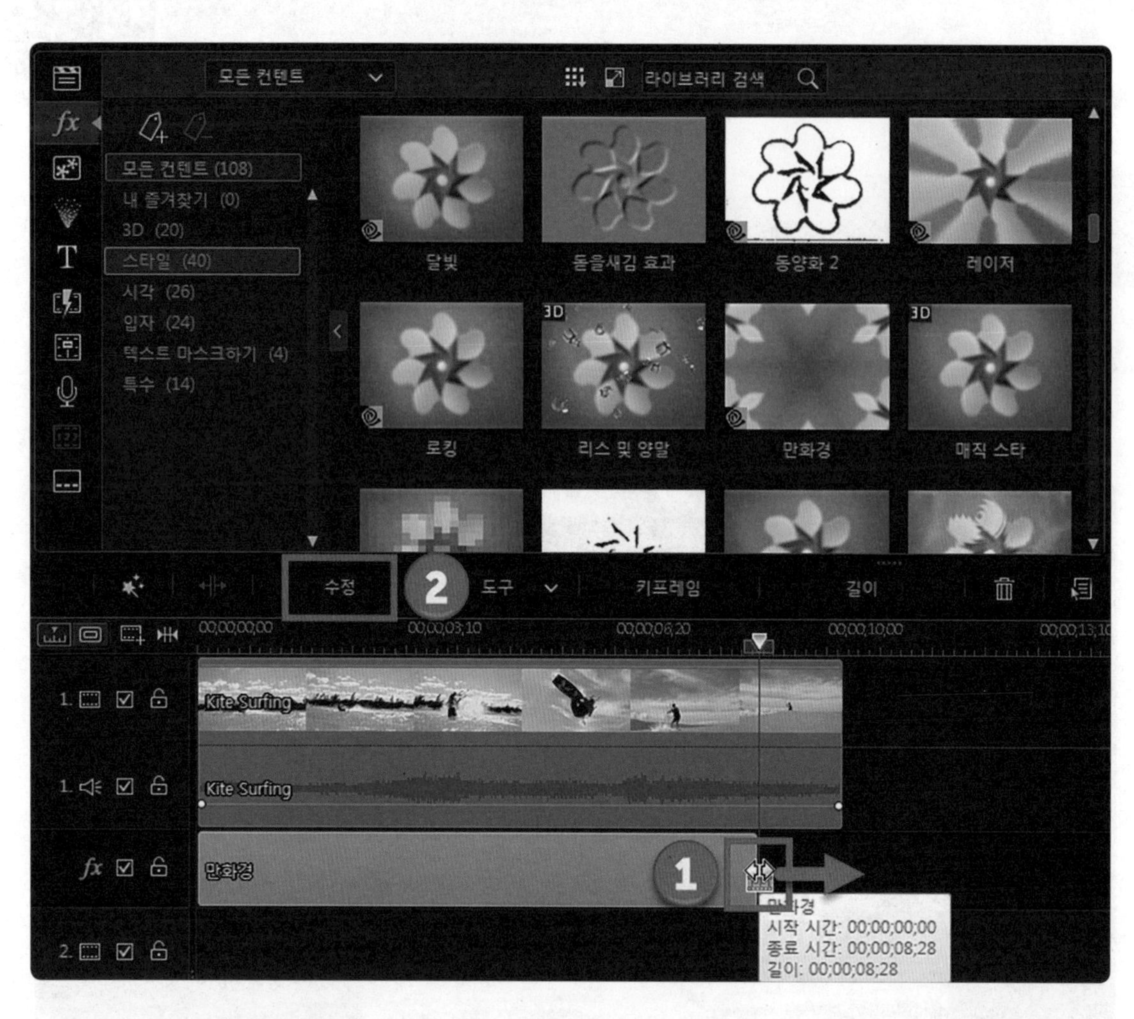

04 효과 설정 대화상자는 효과에 따라 다릅니다. 촬영각도, 세그먼트, X오프셋, Y오프셋을 변경한 뒤 **닫기**를 클릭합니다.

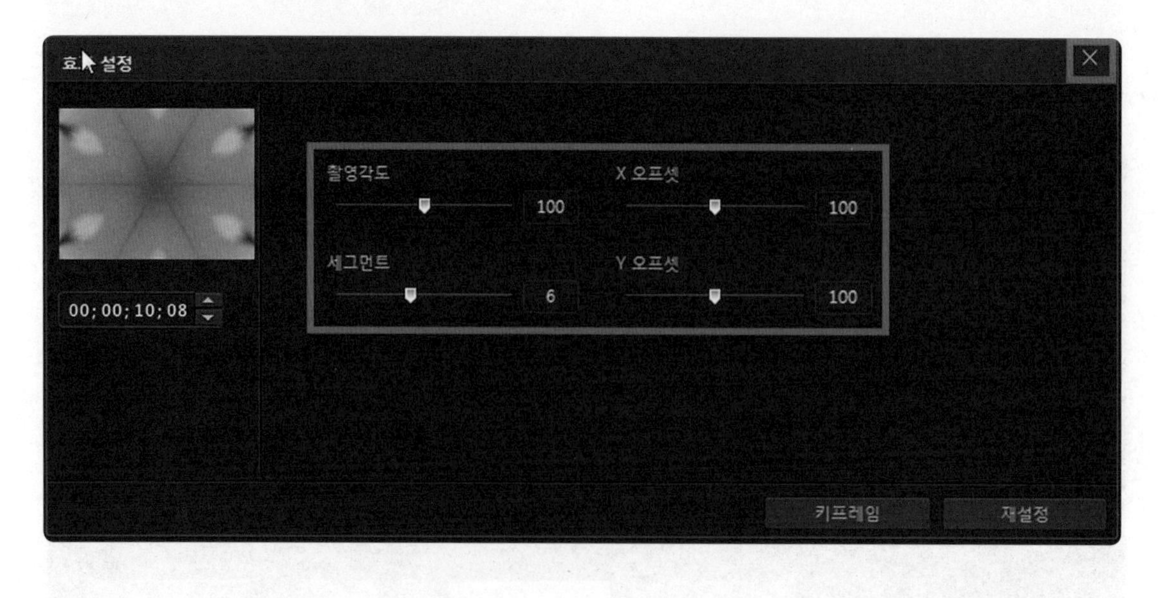

CHAPTER 07-2 효과 변경하기

01 효과 룸에서 **레이저**를 드래그해서 효과 트랙에 올려놓습니다.

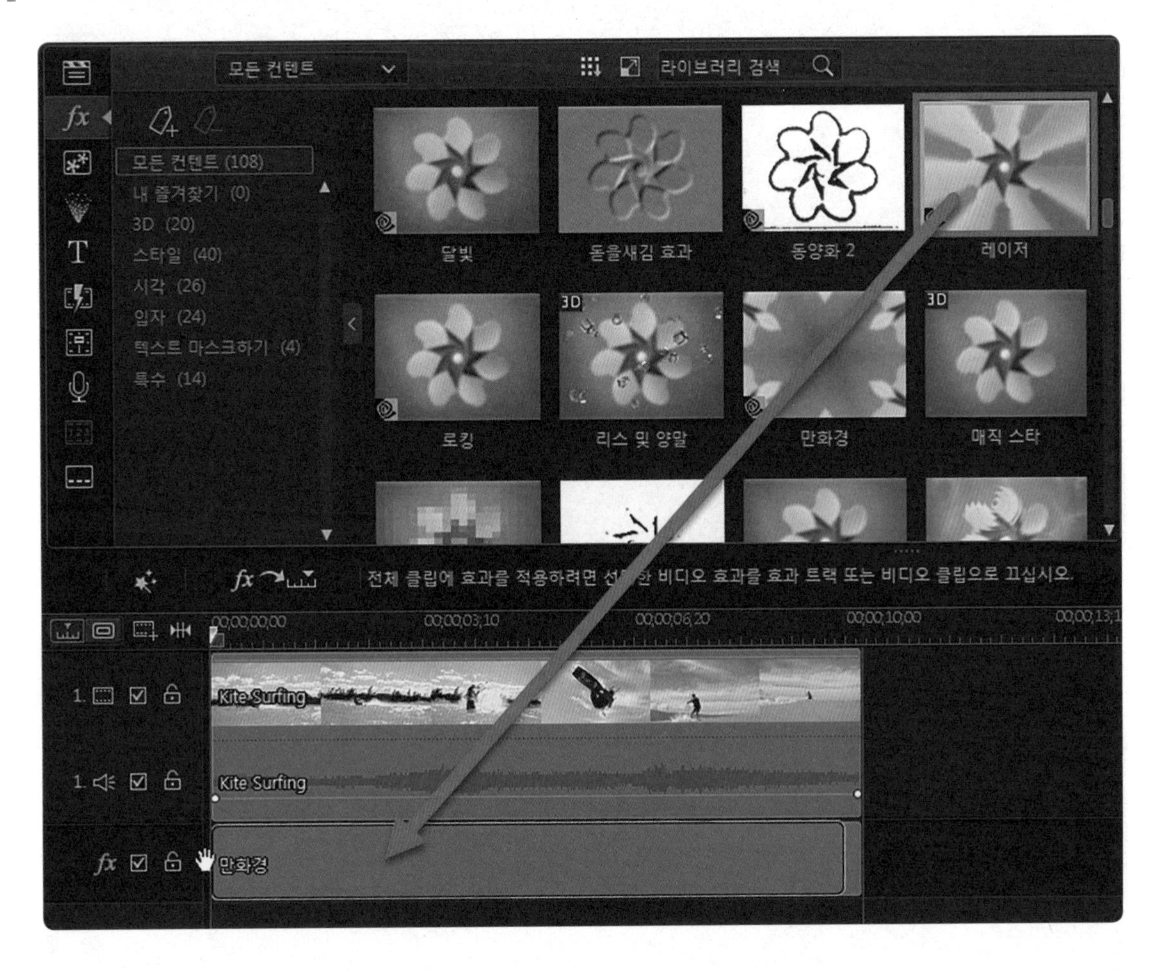

02 효과 트랙에 올려 놓으면 나오는 메뉴에서 **덮어쓰기**를 클릭합니다.

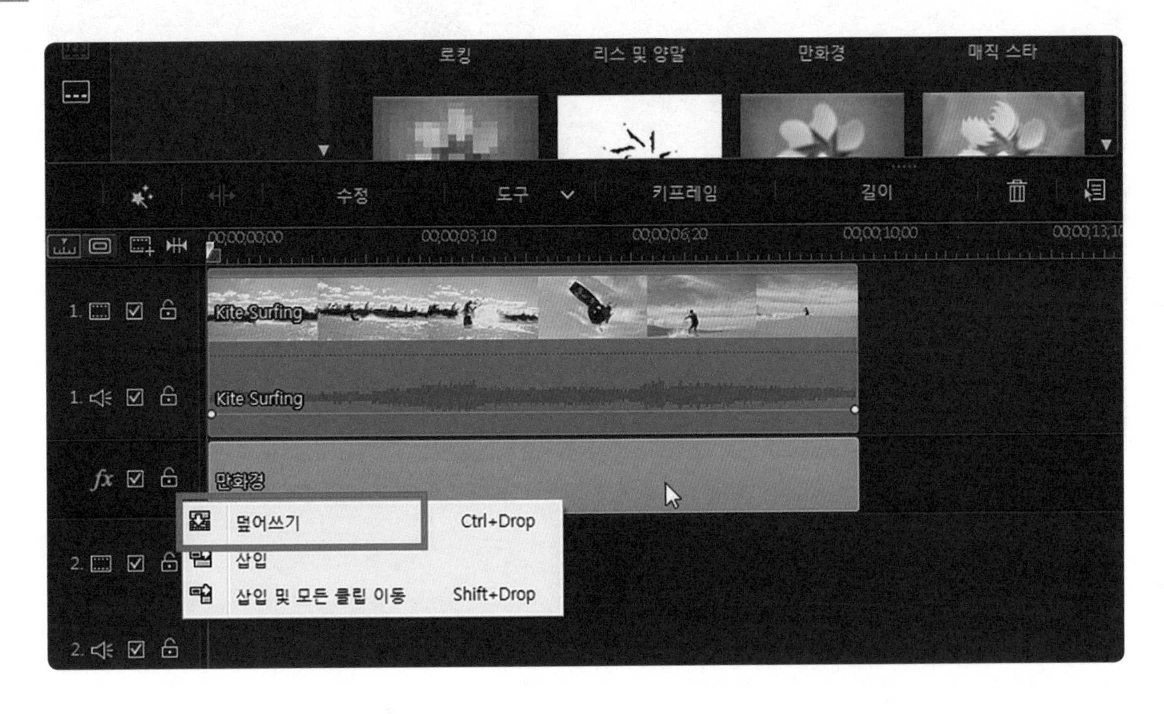

03 효과 트랙에 이전에 있던 잔상 효과를 선택한 후 도구모음에서 **삭제(휴지통)** 버튼을 클릭해서 삭제하고 **레이저** 효과를 1번 트랙에 맞춰 길이를 조정합니다.

04 미리보기 창에서 재생 버튼을 클릭해서 결과를 확인합니다.

CHAPTER **07-3** 2개 트랙 이용한 효과 사용하기

01 앞의 과정에 이어서 Wildlife.wmv를 가져와서 트랙2에 추가합니다.

02 트랙2를 선택한 후 트랙1의 끝 지점에 맞춰 분할합니다.

❶ 트랙1을 클릭한 후 키보드 End 키를 누르면 끝으로 이동합니다.

❷ 트랙2를 클릭한 후 Ctrl+T 를 누릅니다.

03 분할된 클립에서 뒤 클립을 선택한 후 **Delete**를 눌러 제거하면 아래와 같이 편집화면이 보이게 됩니다.

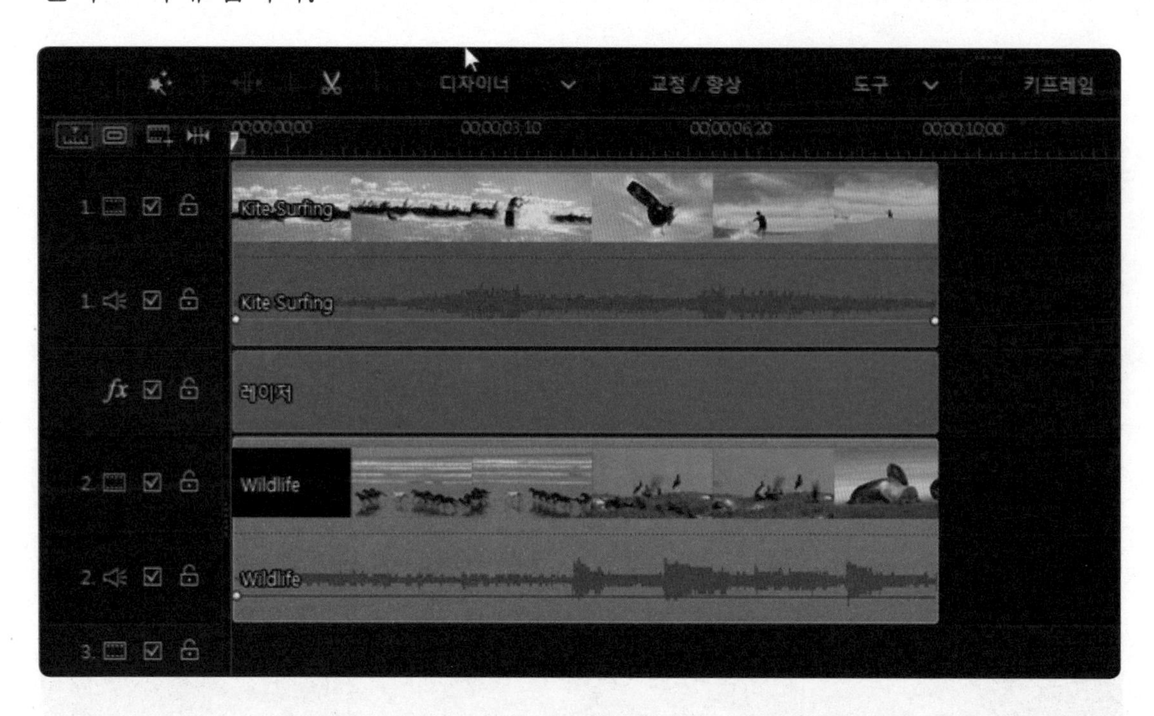

04 트랙2를 트랙1 위로 이동하기 위해 트랙2에 마우스 오른쪽 단추를 클릭해서 **이동 대상...**을 선택합니다.

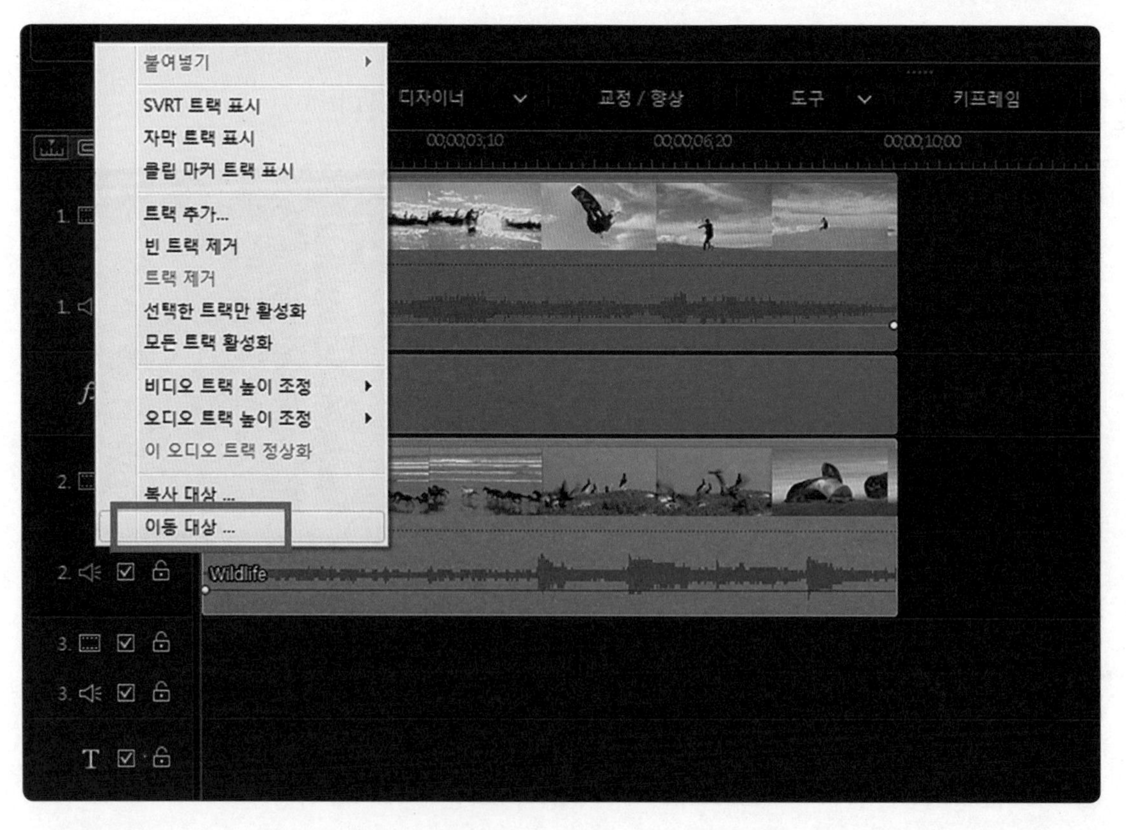

트랙1위에 트랙2가 동시에 재생되면 트랙2만 보이게 됩니다. 트랙이 아래에 있는 것이 맨 위에 보이는 것입니다.

05 트랙3 아래로 표시된 드롭다운 버튼을 클릭해서 **트랙 1 위**를 선택한 후 **확인**을 클릭합니다.

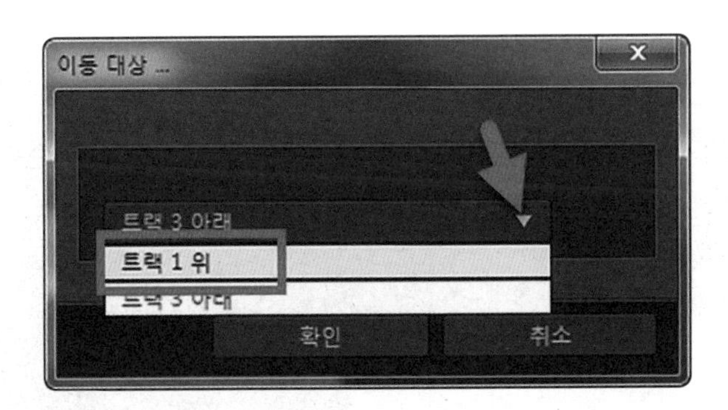

06 트랙의 순서가 변경된 것을 확인했으면 트랙2가 이제부터 위에 보이게 됩니다.

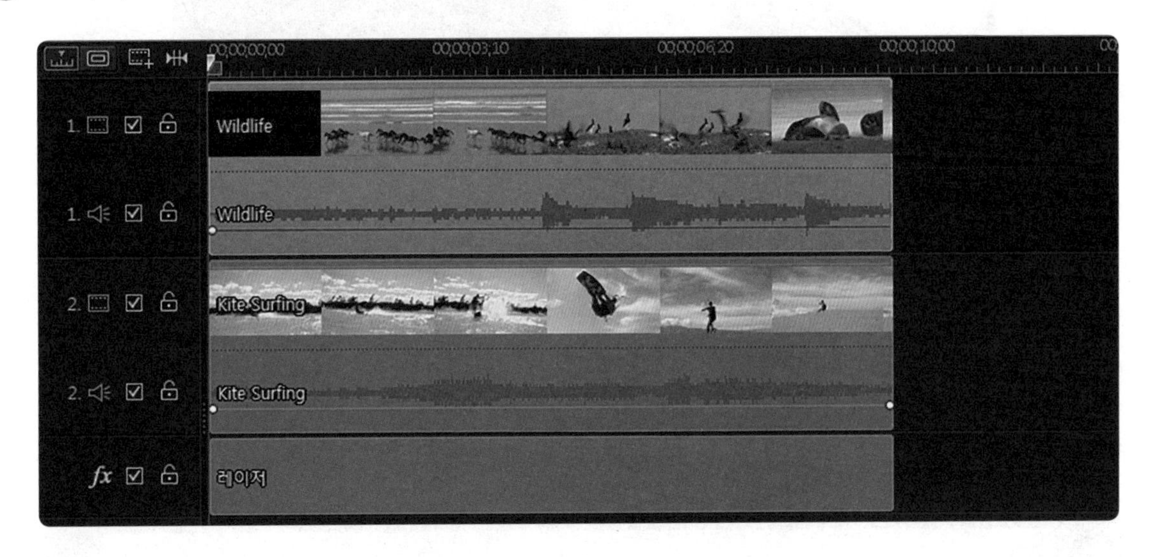

07 **트랙2**를 먼저 선택한 상태에서 미리보기 창에서 **동영상 클립의 조절점**을 아래처럼 이동해서 크기를 줄여줍니다. (**흰색 동그라미 조절점**)

08 아래와 같이 뒤에 검은색은 트랙1이고, 조절점이 있는 것은 트랙2가 됩니다. 재생을 눌러서 확인해 봅니다.

09 효과가 적용된 것이 가장 아래에 있어도 트랙1, 트랙2에도 적용이 되는 것을 알 수가 있습니다.

10 효과 트랙을 트랙1과 트랙2 사이로 이동을 하면 트랙1만 효과가 적용됩니다. 효과 트랙에 마우스 오른쪽 단추를 클릭해서 **이동 대상**을 클릭합니다.

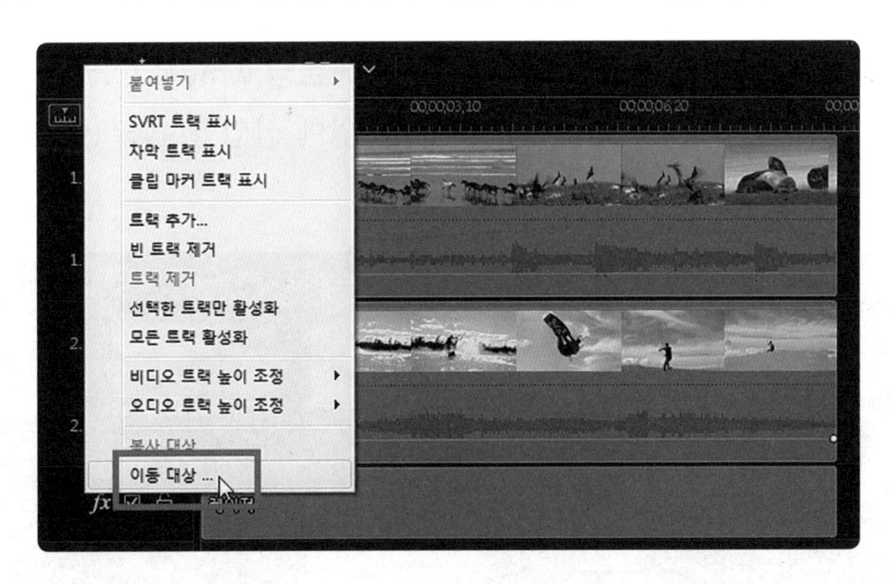

11 트랙이동 드롭다운 버튼을 클릭한 후 **트랙 2 위**를 클릭합니다.

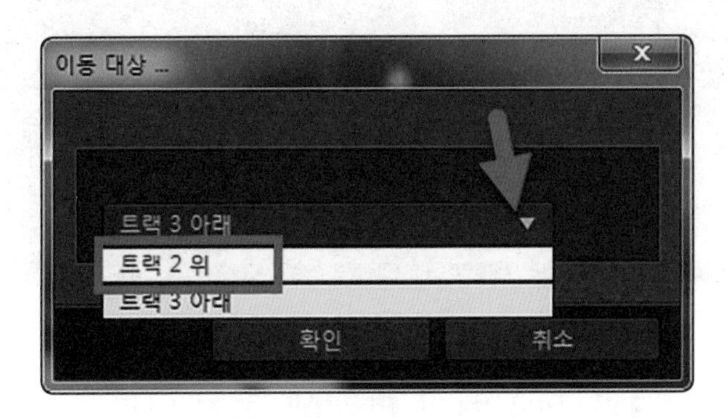

12 미리보기 창에서 재생 버튼을 클릭해서 확인해 봅니다.

01 **새 프로젝트**에서 **미디어 파일 가져오기 → 베트남.wmv**을 **C:₩동영상 편집** 폴더에서 라이브러리 창에 가져온 후 트랙1 가장 앞에 삽입합니다. (이 책의 실습파일로 제공한 파일입니다.)

02 **효과 룸**에서 **모자이크**를 찾아 **효과 트랙에 추가** 버튼을 클릭합니다.

03 모자이크 효과의 길이를 트랙1과 동일하게 맞춰서 조정합니다. **길이** 버튼을 클릭해서 효과가 적용되는 길이를 조정할 수도 있습니다.

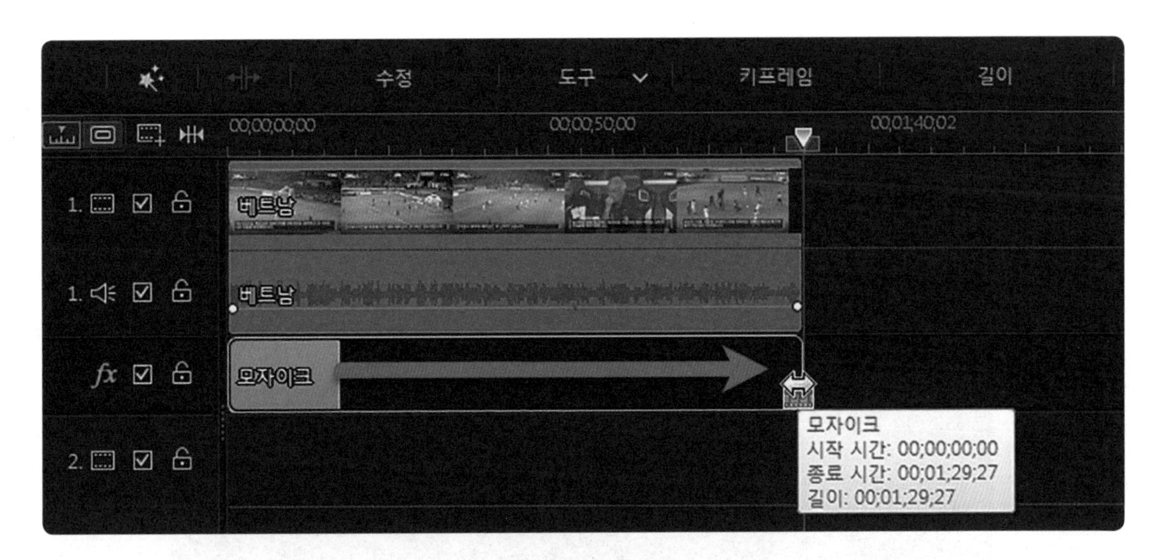

03 삽입된 모자이크 효과를 선택된 상태에서 도구모음의 **수정** 버튼을 클릭합니다.

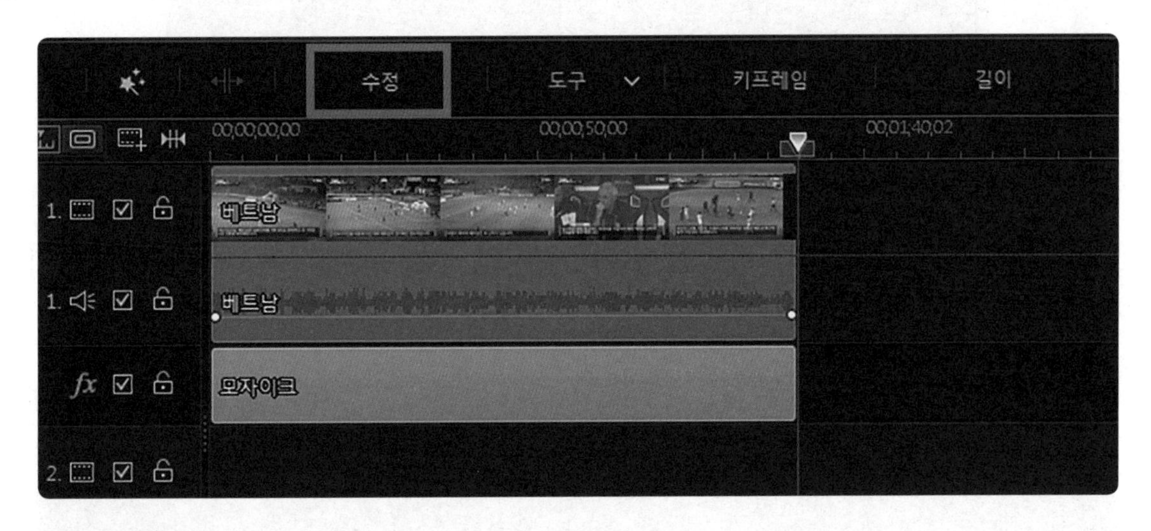

04 효과 설정 대화상자에서 아래처럼 **마스크** 버튼을 클릭합니다.

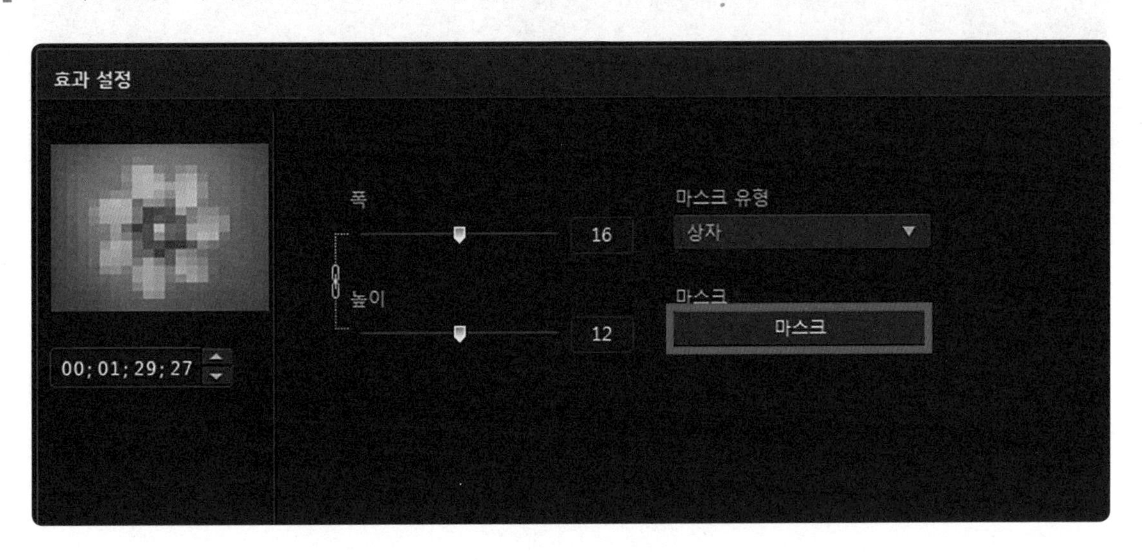

05 마스크는 모자이크가 적용되어서 가려 질 부분을 말하는데 조절점을 이동해서 동영상 제작자의 로고를 가리도록 한 후 **확인**을 클릭합니다.

06 미리보기 창에서 재생 버튼을 클릭해서 확인합니다. 효과는 하나만 적용되기 때문에 다른 곳에 모자이크를 두 군데를 처리할 수 없지만, 트랙2에 모자이크 이미지를 삽입해서 가릴 수 있습니다.

CHAPTER 07-5 입자 룸 사용하기

01 **파일 → 새 프로젝트**를 실행한 후 **Wildlife.wmv**를 트랙1에 추가합니다.

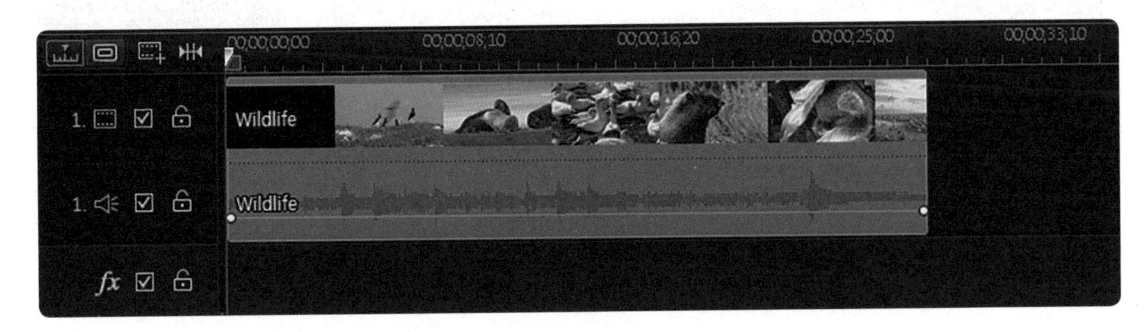

02 **입자 룸**을 클릭한 후 **단풍나무**를 선택한 후 **선택한 트랙에 삽입** 버튼을 클릭한 후 **크로스페이드**를 선택합니다.

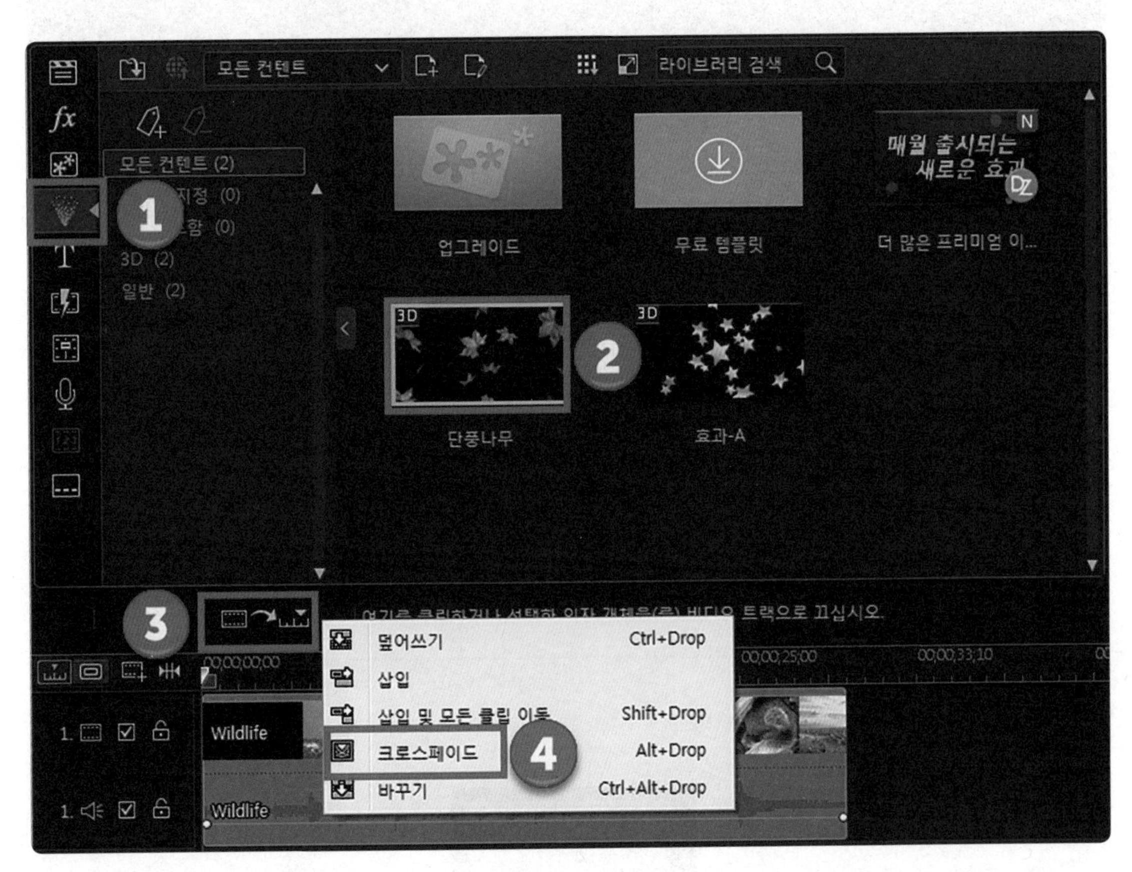

03 동영상 클립에 단풍나무 입자가 겹쳐진 것을 확인할 수 있습니다.

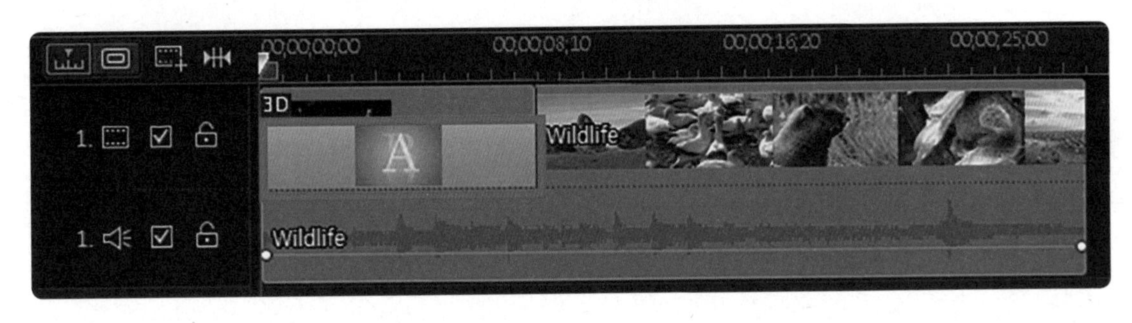

04 **단풍나무** 입자를 동영상 클립 뒤에 **크로스페이드**로 추가합니다.

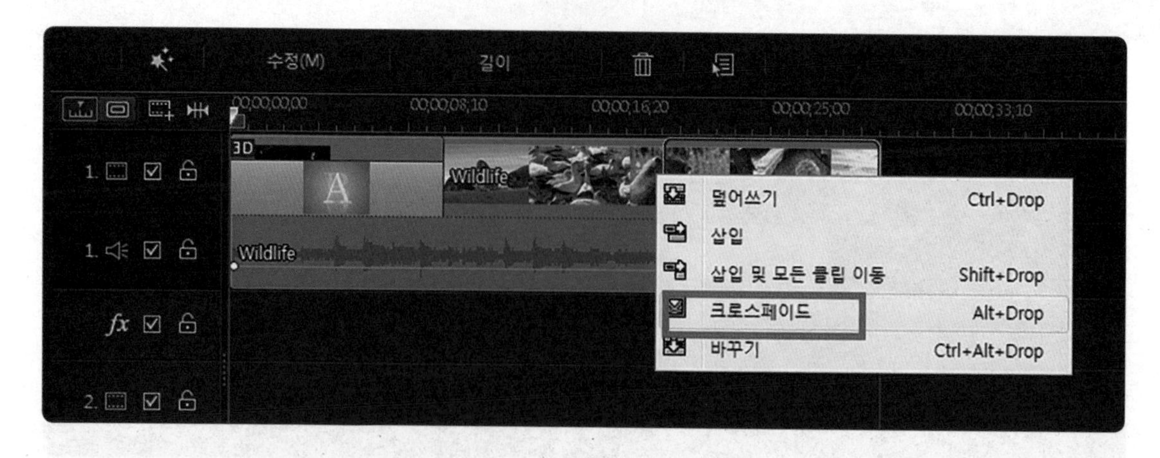

05 미리보기 창에서 재생하면 아래와 같은 영상이 만들어집니다.

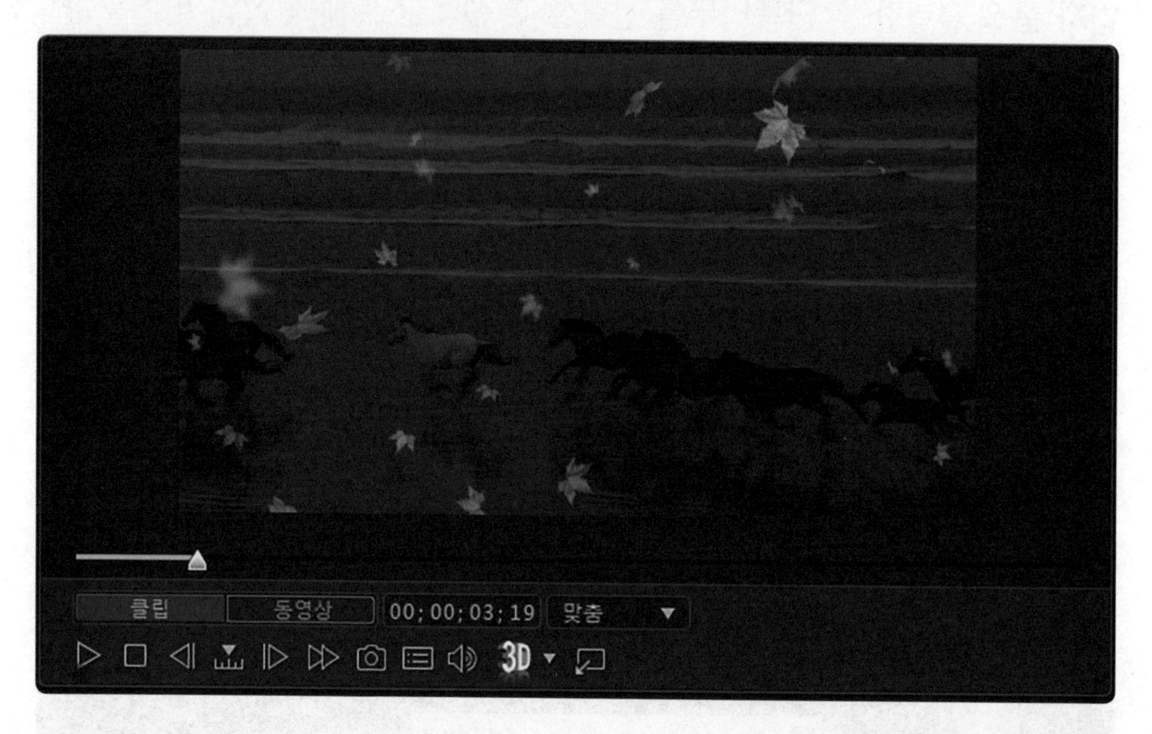

알고 넘어가기

CyberLink사의 DirectZone에서 만들어 놓은 템플릿을 다운로드할 수 있는 아이콘입니다. 다양한 입자와 타이틀, 효과 등을 다운로드해서 사용하는 방법을 다음 과정에서 알아보도록 합니다.

CHAPTER 07-6 DirectZone에서 다운로드하기

01 **입자 룸** 또는 **PIP 개체 룸**을 클릭하고 라이브러리창에서 **무료 템플릿** 썸네일을 클릭합니다.

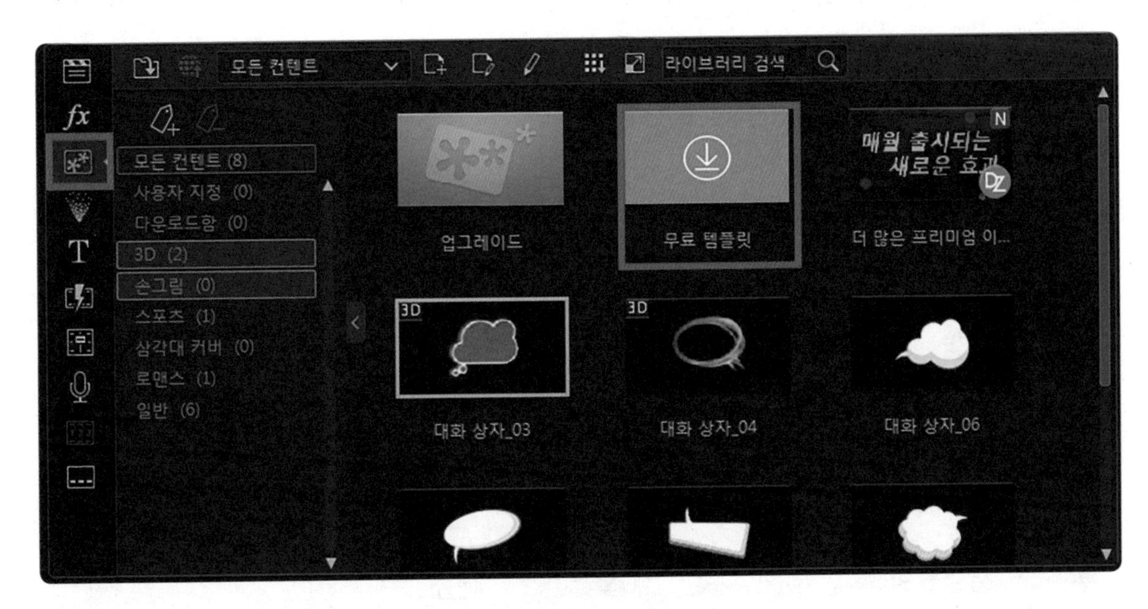

02 디렉트존 페이지에서 가장 위에 보이는 **로그인**을 클릭합니다.

로그인 검색... 한국어

Ad covered content | Not interested in this ad | Ad was inappropriate | Ad was too personal

갤러리 커뮤니티 내 프로필 스토어

03 이미 디렉트존 회원이면 이메일과 패스워드를 입력한 후 확인을 클릭해서 로그인을 하면 되고, 회원이 아니면 **회원가입**을 클릭합니다.

로그인 해 주세요. CyberLink 계정으로

이메일 주소:

패스워드를 잊어 버리셨나요?:

기억하기

확인

패스워드를 잊어버리셨나요? | 회원가입

DirectorZone 에 로그인하시면 자동으로 사용하고 계시는 제품을 따로 지정하지 않는 한 자동으로 등록됩니다.

만약 파워디렉터를 불법으로 사용하는 경우에는 사용상 제약이 있을 수 있으므로 가급적 정품을 구매해서 사용하기 바랍니다.

04 아래와 같이 회원가입 양식이 나오는데 아이디가 아니라 이메일을 입력해야 하며 별명에는 이름을 쓰면 됩니다.

아래의 회원가입 옵션 중 하나를 선택하세요.

◉ DirectorZone 계정 만들기

○ facebook 계정 사용하기

이메일 주소

별명

패스워드

패스워드 재입력

생년월일 월 ▼ 일 ▼

국가/지역 대한민국 ▼

8 9 1 8 (코드 새로고침)

인증 코드 (코드 입력)

☑ 나는 CyberLink로 부터 소프트웨어 업데이트, 특별한 제안, 제품과 서비스에 대한 최신 정보를 받고 싶습니다.

"동의 & 회원" 가입에 클릭하는 것은 CyberLink의 개인정보 보호정책 & 이용약관에 동의하는 것입니다.

동의 및 제출

05 회원가입이 완료가 되면 자동으로 로그인 되어 아래와 같이 나타납니다.

06 **입자효과**를 클릭한 후 아래 썸네일에서 다운로드할 입자효과를 클릭합니다.

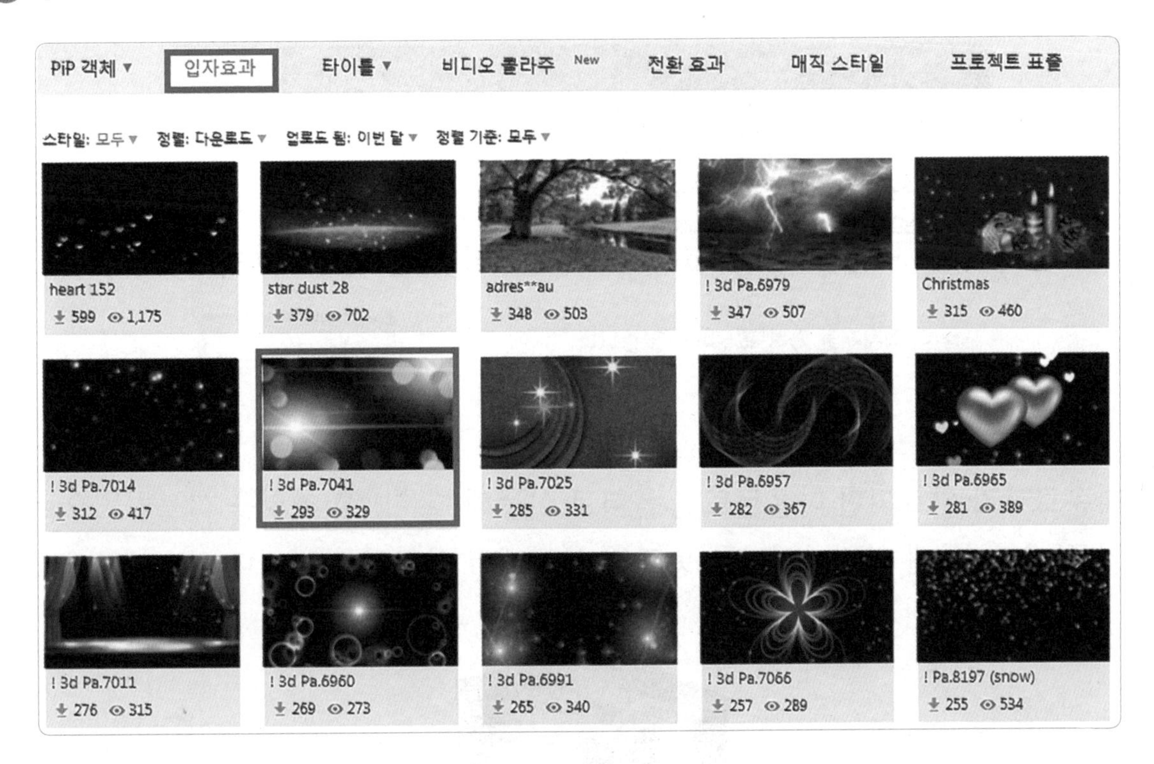

07 입자효과에 대한 상세한 정보가 오른쪽 화면에 나옵니다. 어떤 효과인지 미리보여 주므로 다운로드를 원할 경우 **다운로드** 버튼을 클릭합니다.

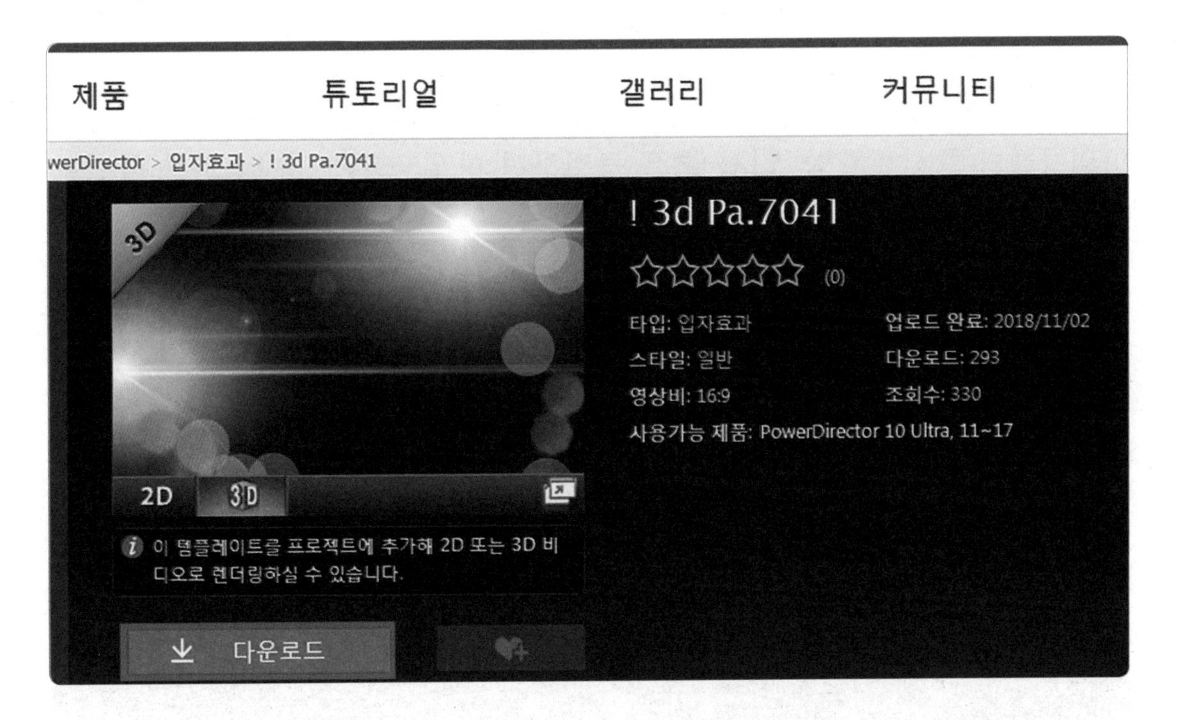

08 저장한 후 어떻게 사용하는지를 알려주는데 일단 여기서는 **다운로드**를 클릭합니다.

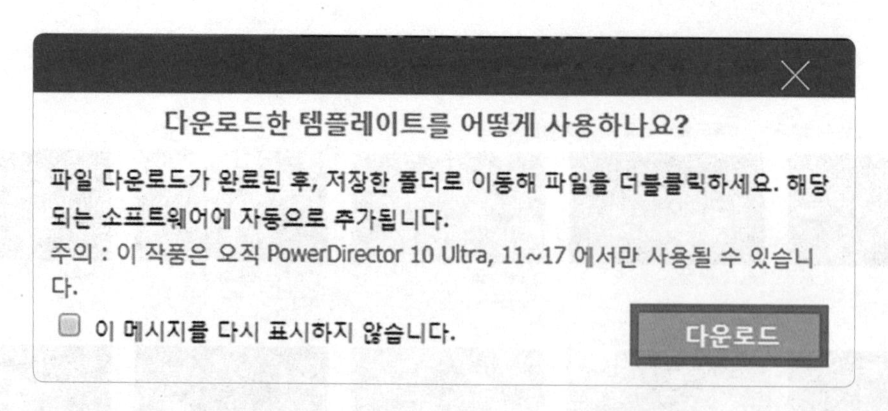

09 다운로드가 완료되면 다운로드한 폴더로 이동해 다운받은 파일을 더블클릭으로 설치를 합니다. 이때 파워디렉터는 종료된 상태에서 작업해야 합니다.

10 파워디렉터를 실행한 후 **입자 룸**을 클릭하면 다운로드한 입자효과를 확인할 수 있습니다.

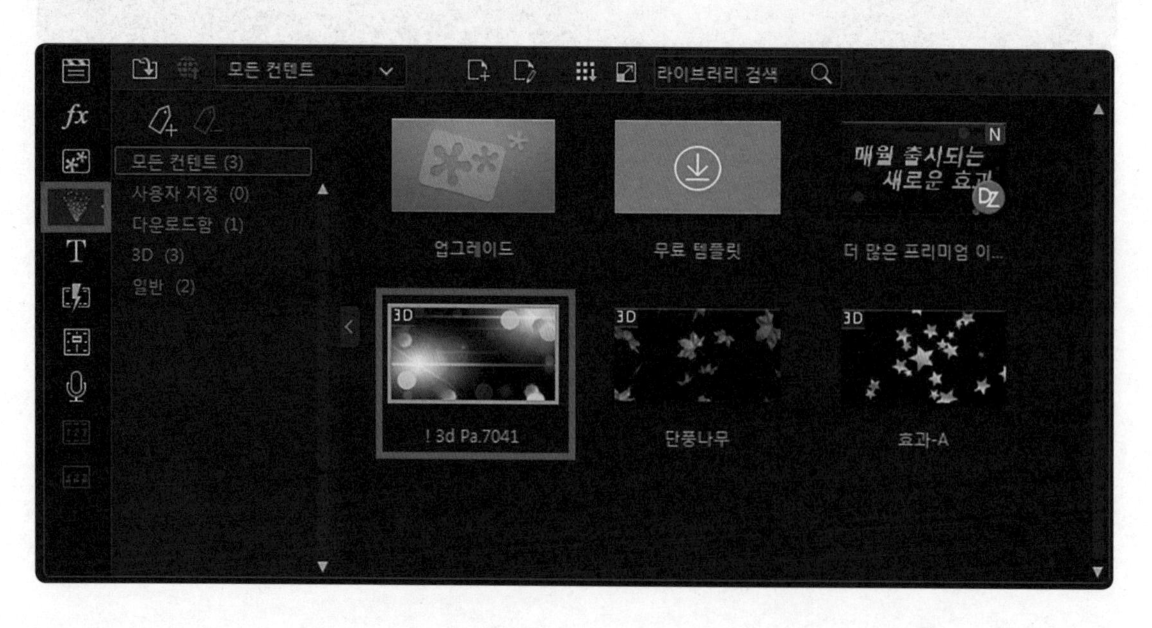

11 동영상클립을 트랙1에 삽입한 후 다운로드한 입자효과를 지금 적용해 보세요.

01 **미디어 룸**에서 **미디어 가져오기** 버튼을 클릭한 후 **Flickr에서 사진 다운로드**를 클릭합니다.

02 Flickr에서 다운로드를 클릭해서 사진을 웹에서 가져오기를 합니다. 처음에는 아래처럼 Flickr 사용자인지 묻는데 **비 Flickr사용자**를 선택한 후 **다음**을 클릭합니다.

1단계. Flickr에 사인인

기존 Flickr 사용자:
CyberLink PowerDirector에서 Flickr 계정을 사용하려면 인증을 완료해야 합니다. 인증은 웹브라우저에서 간단하게 처리됩니다. 작업을 종료하면 이 대화상자로 돌아와서 인증 과정을 완료한 후 다음을 클릭하여 계속 진행하십시오.

CyberLink PowerDirector가 Flickr 계정을 사용할 수 있도록 인증

비 Flickr 사용자:
Flickr에 계정이 없을 경우 아래의 사인업 단추를 클릭하여 계정을 만드십시오. Flickr 계정 등록에 관심이 없다면 다음을 클릭하여 계속 진행하십시오.

Flickr가 처음이십니까?
Flickr는 온라인에서 사진을 보관, 정렬, 검색, 공유할 수 있는 최고의 방법입니다. Flickr는 보유한 모든 사진들을 정리하고 친구와 가족들 모두가 사진을 보고 의견을 남길 수 있도록 해 드립니다.

사인업

다음 취소

03 사용 약관이 나오면 동의하는 곳에 체크한 후 **다음**을 클릭합니다.

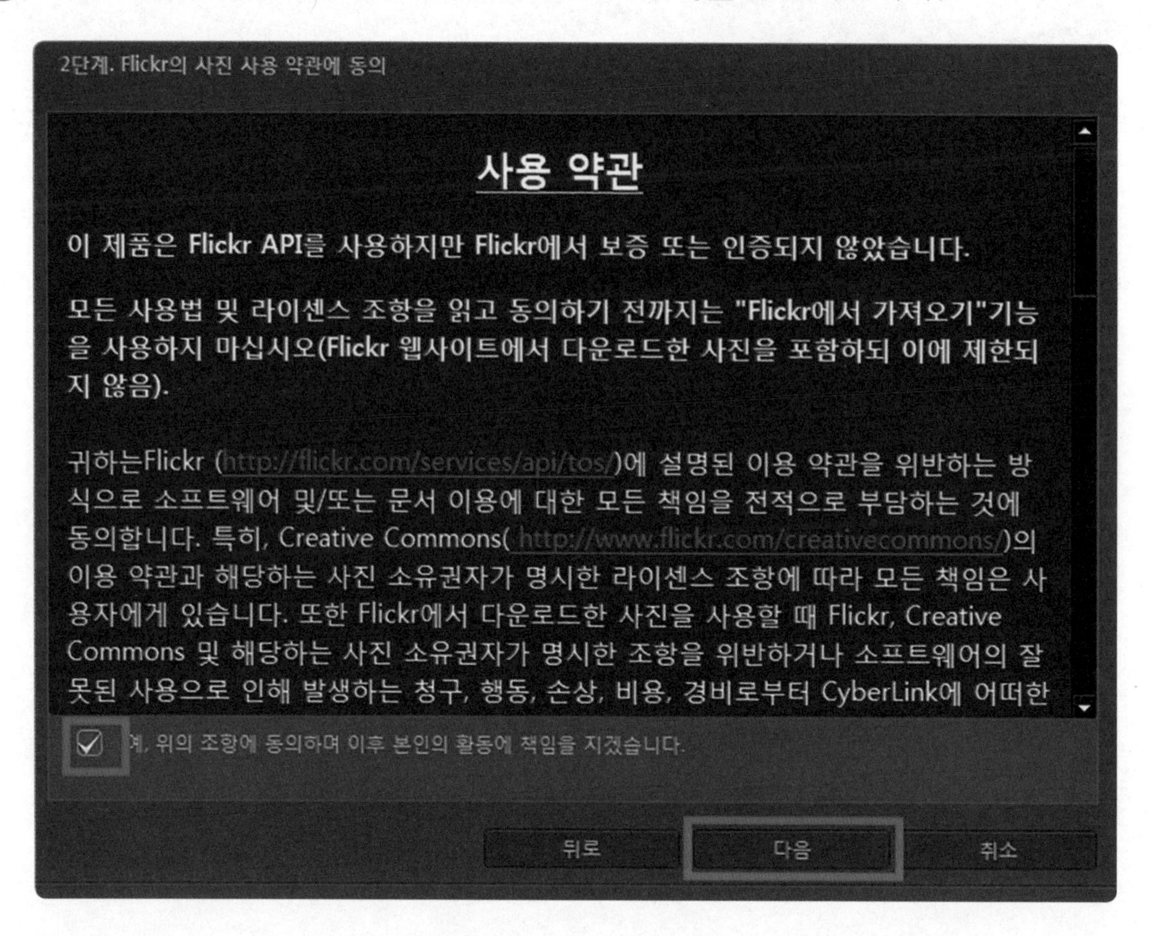

04 "sea"를 검색한 다음 사진 2개를 체크한 후 **다운로드**를 클릭합니다.

05 다운로드된 2개의 클립이 보입니다. 알파벳 순서로 정렬이 되기 때문에 스크롤바를 이용해서 찾아야 할 경우도 있습니다.

> 알고 넘어가기
>
> Flickr에서 다운로드한 자료는 문서 → CyberLink → PowerDirector → 15.0 → Flickr Download\다운받은날짜 에 보관되어 있습니다.

DirectZone에서 사운드클립 다운로드하기

01 **미디어 가져오기 → DirectZone에서 사운드 클립 다운로드**를 차례대로 클릭합니다.

02 인터넷 브라우저가 실행되면서 사이트가 열리는데 아래처럼 **뮤직 징글**에서 **Movie Intro**를 클릭합니다.

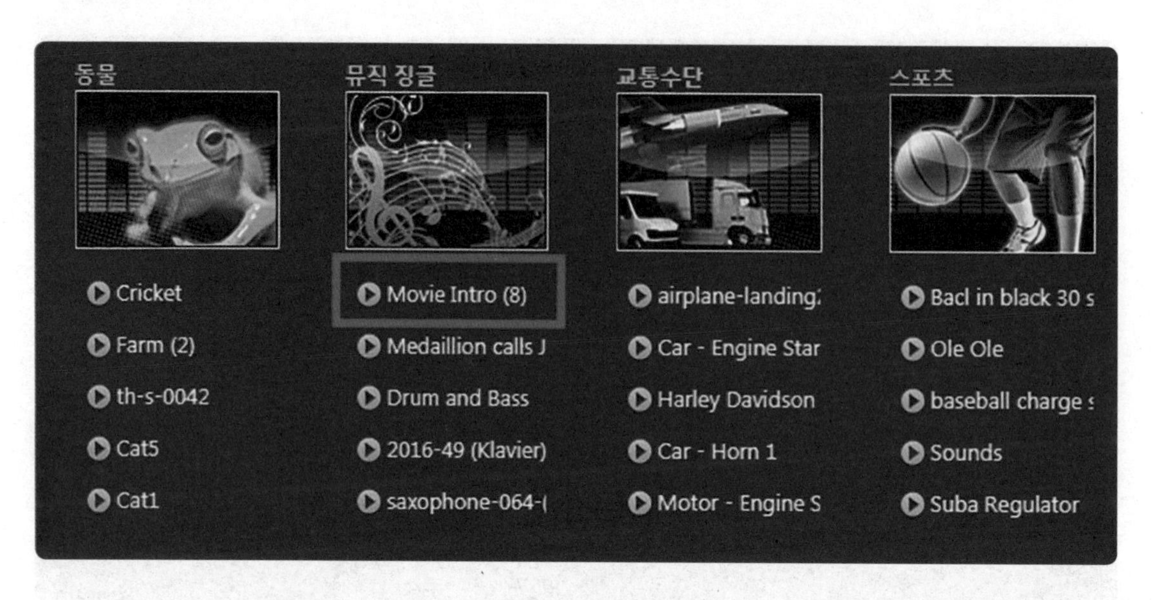

03 **재생** 버튼을 클릭해서 음악을 들어본 후 **정지** 버튼을 클릭하고 **다운로드**를 클릭합니다.

04 로그인을 하라는 대화상자가 나오면 **확인**을 클릭합니다.

먼저 로그인 해 주세요.

확인

05 창의 윗 부분에 **로그인**을 찾아서 클릭합니다.

06 가입했던 이메일과 패스워드를 입력하고 **확인**을 클릭합니다.

로그인 해 주세요. CyberLink 계정으로

이메일 주소: @gmail.com

패스워드를 잊어버리셨나요?: ·········

기억하기

확인

패스워드를 잊어버리셨나요? | 회원가입

시면 자동으로 사용하고 계시는 제품을 따로
로 등록됩니다.

07 앞의 과정을 그대로 다시하면 됩니다. **정지** 버튼을 클릭하고 **다운로드**를 클릭합니다.

08 이 작품은 버전 사용처를 알려줍니다. **다운로드**를 클릭해서 원하는 장소에 다운로드를 합니다.

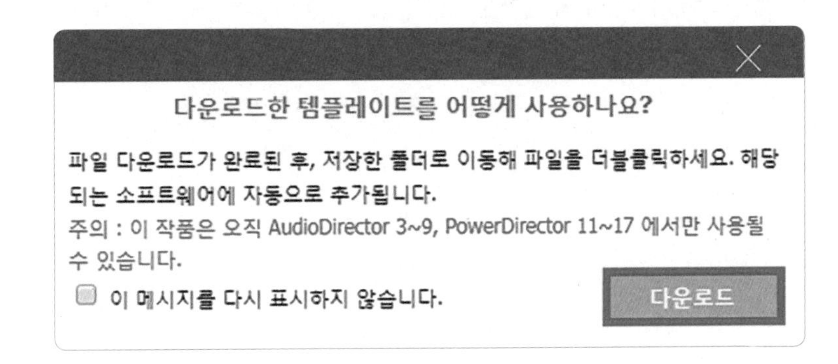

09 윈도우 탐색기를 이용하여 **다운로드 폴더**로 이동한 후 아래의 아이콘을 찾아서 더블 클릭으로 파워디렉터에 설치가 되도록 합니다.

10 파워디렉터를 실행한 후 **미디어 룸**을 클릭하면 다운로드한 사운드 클립을 확인할 수 있습니다.

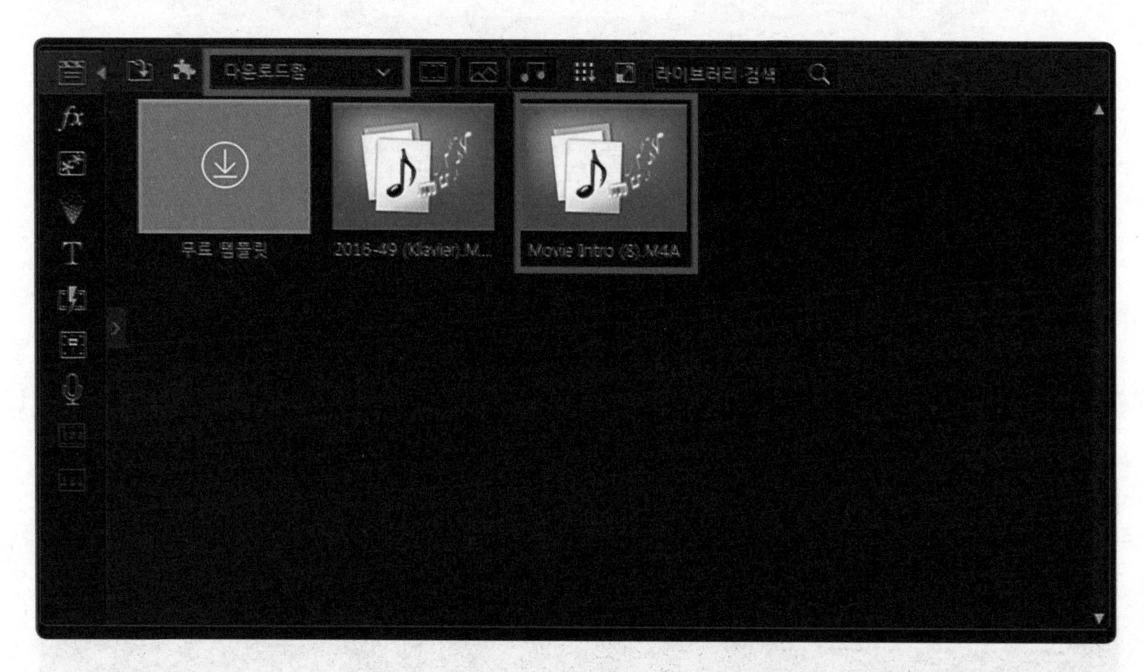

* 저작권이 있는 음원을 사용해서 영상편집 작업 후 유튜브에 게시하면 법적인 처벌을 받을 수 있으니 이렇게 무료음원을 이용하는 것이 좋습니다.

유튜브 무료음원 다운로드하기

https://www.youtube.com/audiolibrary/music에 접속한 후 로그인을 해서 저작권이 없는 것을 이용해서 저작권에 무관한 음악을 다운로드 받으면 됩니다.

CHAPTER

08 ▶ 타이틀 룸 사용하기

CHAPTER 08-1 타이틀 템플릿 사용하기

01 **파일 → 새 프로젝트**를 실행한 후 Kite Surfing.wmv 동영상 클립을 트랙1에 삽입합니다.

02 **타이틀 룸**을 선택한 후 타이틀 템플릿에서 **클로버_02**를 선택한 후 **타이틀 트랙에 추가** 버튼을 클릭합니다.

03 삽입된 타이틀 **클로버_02**를 더블클릭하거나 **디자이너** 버튼을 클릭해서 타이틀 디자이너 창을 열어줍니다.

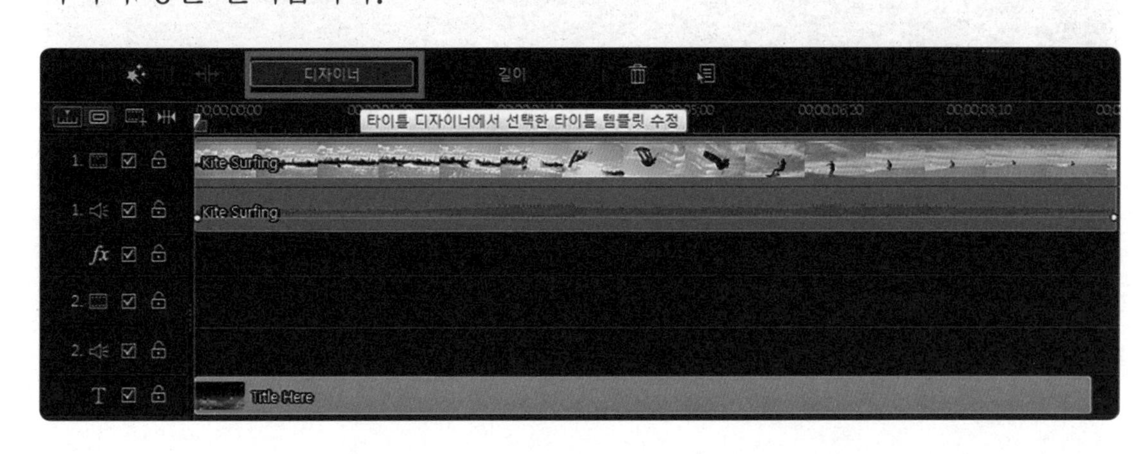

04 Title Here를 클릭한 후 글자를 지우고 "**익스트림 스포츠**"로 입력합니다. 마지막 글자가 보이지 않지만 키보드 화살표(→)를 한 번 누르면 글자가 완성됩니다.

05 필요 없는 타이틀을 선택해서 Delete 키로 삭제를 합니다.

06 타이틀에 붙은 입자 효과를 체크 해제하면 보이지 않기도 합니다.

07 ❶**타이틀**을 선택한 후 ❷**문자 사전 설정**을 클릭하면 ❸**목록**에서 적당한 것을 선택합니다. 자주 사용하는 것을 제작사에서 미리 만들어 둔 것입니다.

08 글꼴/단락을 펼친 후 글꼴은 **HY헤드라인M**을 선택합니다.

09 **반사** 버튼은 체크한 후 테두리는 펼쳐서 크기 10, 흐림 10, 불투명도 50%로 변경합니다.

10 미리보기 창에서 타이틀의 위치를 변경하고 **재생** 버튼을 눌러보세요. 마무리가 되었으면 **확인** 버튼을 클릭합니다.

CHAPTER 08-2 타이틀에 효과주기

01 타이틀 트랙을 선택한 후 **디자이너** 버튼을 클릭합니다.

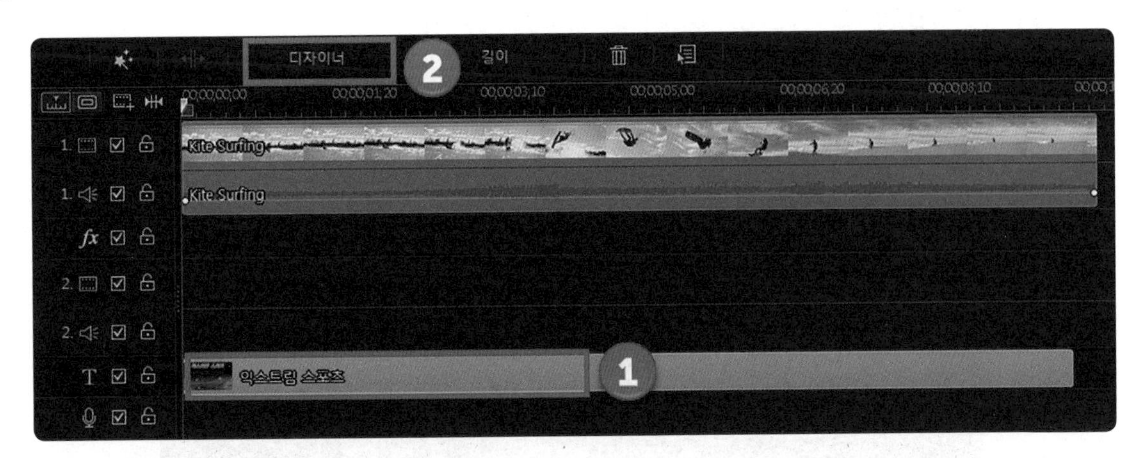

02 **효과** 탭을 선택한 후 **시작 효과** 옵션을 클릭하고 **광선**을 선택하면 미리보기 창에서 효과가 어떻게 적용되는지 보여줍니다.

03 **종료 효과** 옵션을 클릭한 후 **고드름**을 선택합니다.

04 미리보기 창에서 재생 버튼을 클릭해서 결과를 확인해 봅니다.

CHAPTER 08-3 타이틀에 텍스트 추가하기

01 미리보기 창에서 상단에 있는 **타이틀 삽입** 버튼을 클릭한 후 입력될 위치에 클릭하고 **"2019년 여름"**을 입력한 후 빈 곳에 클릭합니다.

02 미리보기 창의 트랙에서 방금 삽입한 트랙을 선택한 후 좌측의 텍스트 탭에서 **문자 사전 설정**을 선택하고 효과를 선택합니다.

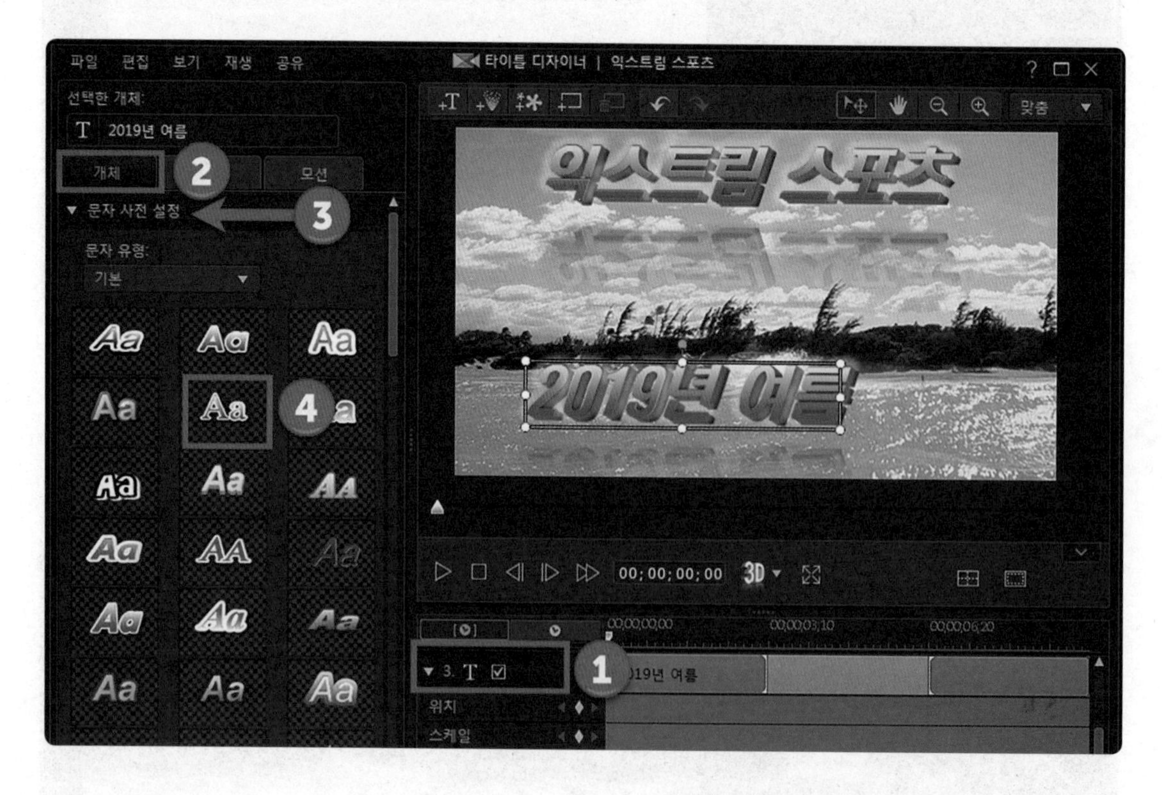

03 반사와 그림자의 체크를 해제한 후 미리보기에서 재생 버튼을 클릭합니다.

05 텍스트가 보이는 것은 좋지만 타이틀이 사라졌는데 남아있으면 안될 것 같습니다. **효과 탭 → 종료 효과 → 광선**을 각각 선택합니다.

06 애니메이션의 길이는 아래와 같이 조절할 수 있습니다.

❶ 시작효과 시작점으로 타이틀이 보이기 시작되는 위치입니다.
❷ 시작효과 끝지점으로 시작효과의 애니메이션이 끝나는 위치입니다.
❸ 종료효과 시작점으로 타이틀이 사라지기 시작되는 위치입니다.
❹ 종료효과 끝지점으로 종료효과의 애니메이션이 끝나는 위치입니다.

❶ **2019년 여름**이 아직은 보이지 않는 구간입니다.
❷ **2019년 여름**이란 타이틀이 보이고 애니메이션이 되는 구간입니다.
❸ **2019년 여름**이란 글자가 보이는 유지시간이 됩니다.
❹ **2019년 여름**이란 종료효과가 시작되는 구간입니다.
❺ **2019년 여름**이 사라진 구간입니다.

07 체크를 해제하게 되면 디자이너 창에서는 재생하면 보이지 않지만 **확인**을 클릭한 뒤 편집화면의 미리보기 창에서 재생을 하게 되면 보이게 됩니다.

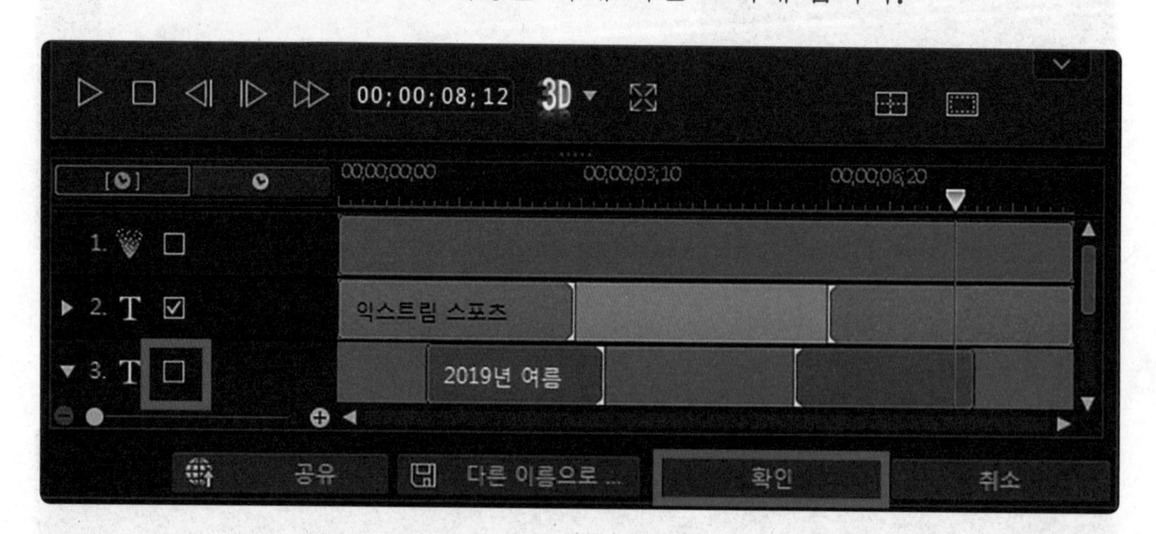

08 **파일 → 다른이름으로 프로젝트 저장**을 클릭해서 **C:₩파워디렉터** 폴더에 **익스트림스포츠** 라는 파일 이름으로 저장합니다.

09 제작 메뉴에서 파일 형식 선택은 **Windows Media**로 정한 후 **C:₩파워디렉터** 폴더에 동영상을 제작합니다.

CHAPTER 08-4 3D 타이틀 만들기

01 **파일 → 새 프로젝트**를 실행하여 Kite Surfing.wmv 파일을 트랙1에 삽입합니다.

02 비디오와 오디오를 분리해서 오디오를 지우도록 하겠습니다. 삽입된 트랙1의 비디오를 마우스 오른쪽 클릭한 후 **비디오와 오디오 링크 해제**를 클릭합니다.

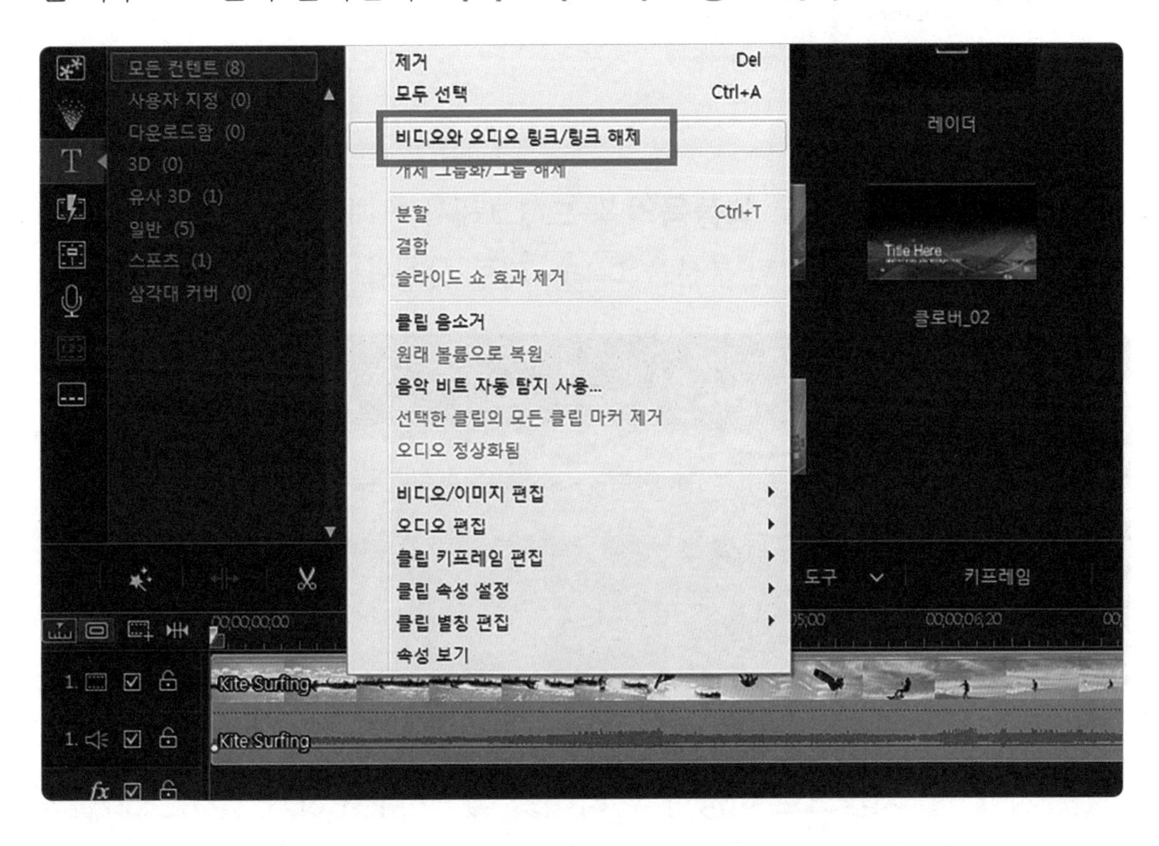

03 트랙1의 오디오 트랙을 클릭한 후 Delete 키로 삭제합니다.

04 **미디어 룸**에서 **미디어 파일 가져오기**를 이용해서 **컴퓨터 - 라이브러리 - 음악 - 음악샘플** 폴더에서 음악을 가져옵니다.

05 트랙1의 **오디오 트랙**으로 **샘플음악**을 드래그해서 아래처럼 영상의 마지막에 맞춰 오디오 트랙을 분할한 후 뒷 부분을 Delete 키로 삭제합니다.

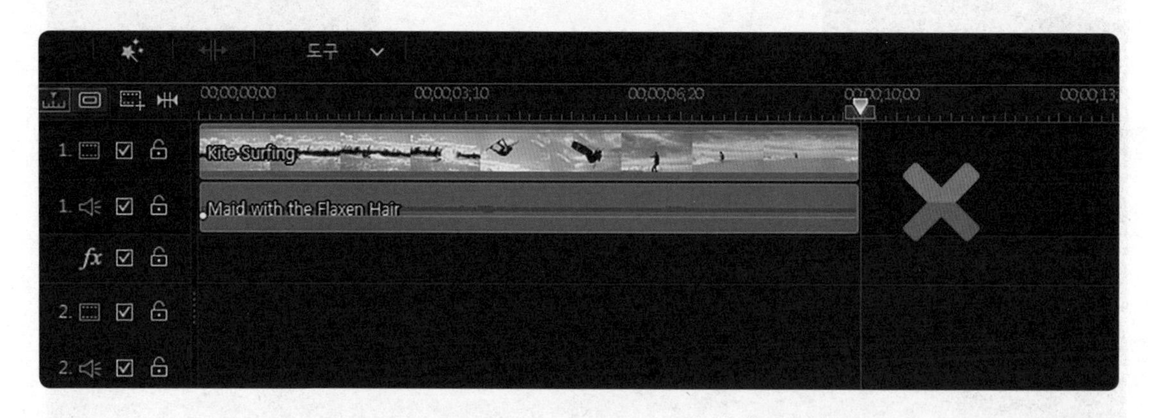

06 시간표시마커를 **처음으로 이동**한 후 **타이틀 룸 → 유사 3D → 기본 3D**를 선택해서 타이틀 트랙으로 삽입합니다.

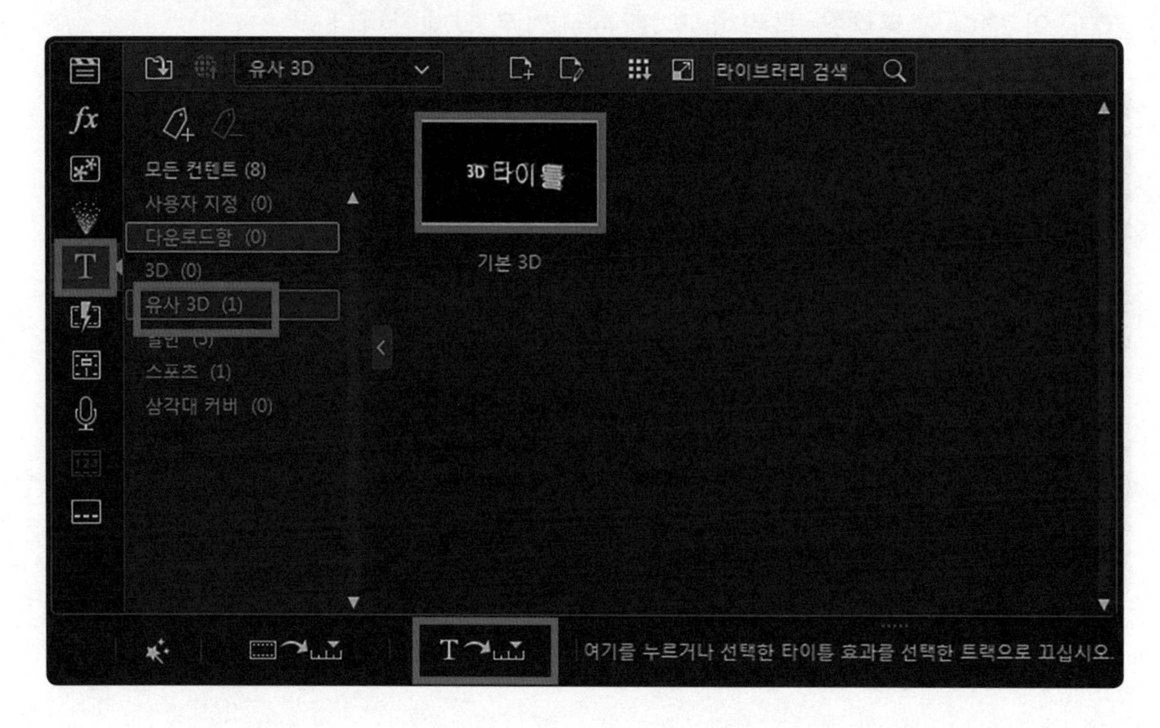

07 **디자이너** 버튼을 클릭하고 **문자 사전 설정**에서 한 가지를 선택한 후 글꼴/단락 옵션에서 글꼴은 **휴먼둥근헤드라인**, 크기는 **48**로 정해줍니다

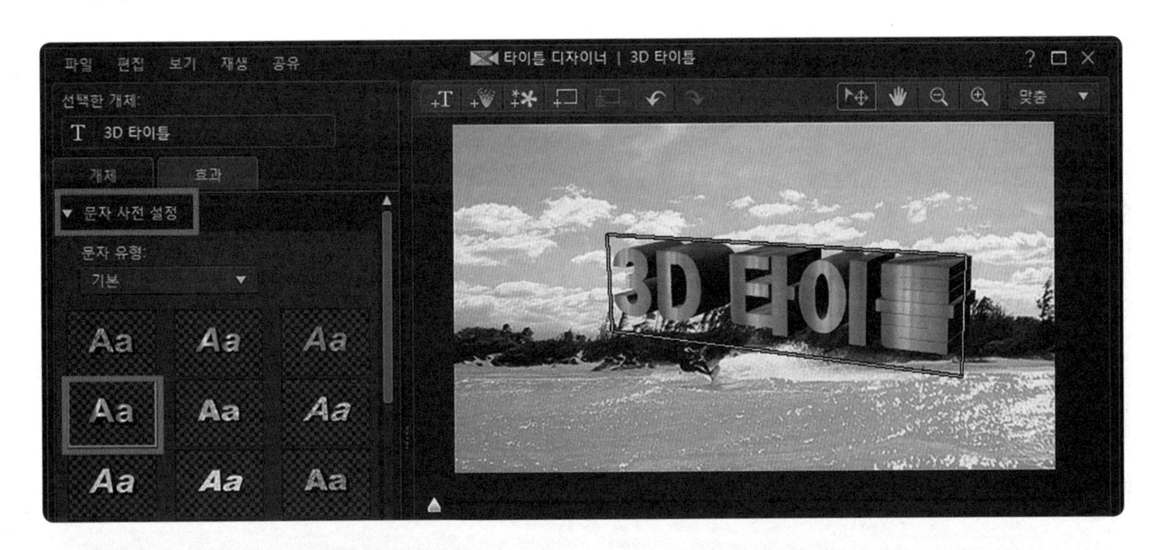

08 **3D 회전 설정** 옵션에서 X축 회전을 -15도로 설정합니다. Y축과 Z축은 0으로 정해줍니다. **3D 텍스처** 옵션에서는 아래와 같은 6번째를 설정해 줍니다.

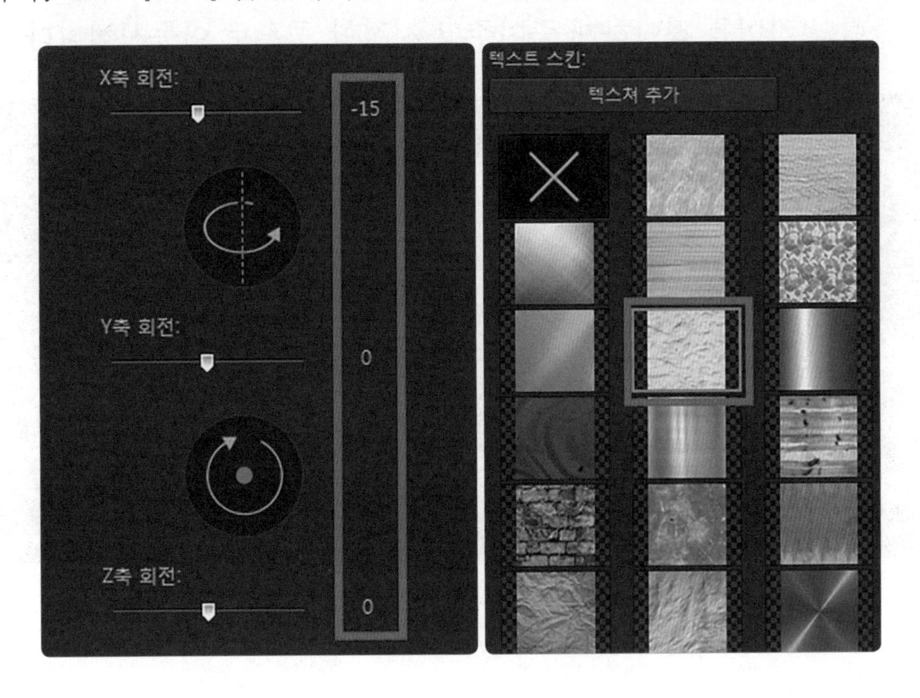

09 글자내용은 "**익스트림 스포츠**"로 입력한 후 **효과** 탭의 **시작 효과**에서 3D **팝업**을 선택합니다.

10 종료 효과 옵션에서도 역시 **3D 페이드**를 선택한 후 **확인** 버튼을 클릭합니다.

11 타이틀 클립의 길이를 적당하게 줄여주고 시작할 곳으로 이동시킵니다.

CHAPTER 09 ▶ 디자이너와 사운드

CHAPTER 09-1 PiP 디자이너와 크로마키

01 **파일 → 새 프로젝트**를 실행하여 **Kite Surfing.wmv** 파일을 트랙1에 추가합니다.

02 **미디어 파일 가져오기**를 해서 **C:₩동영상 편집** 폴더에서 **텔레비전.png**를 가져온 후 트랙2에 삽입합니다. (이 책의 실습파일로 제공한 파일입니다.)

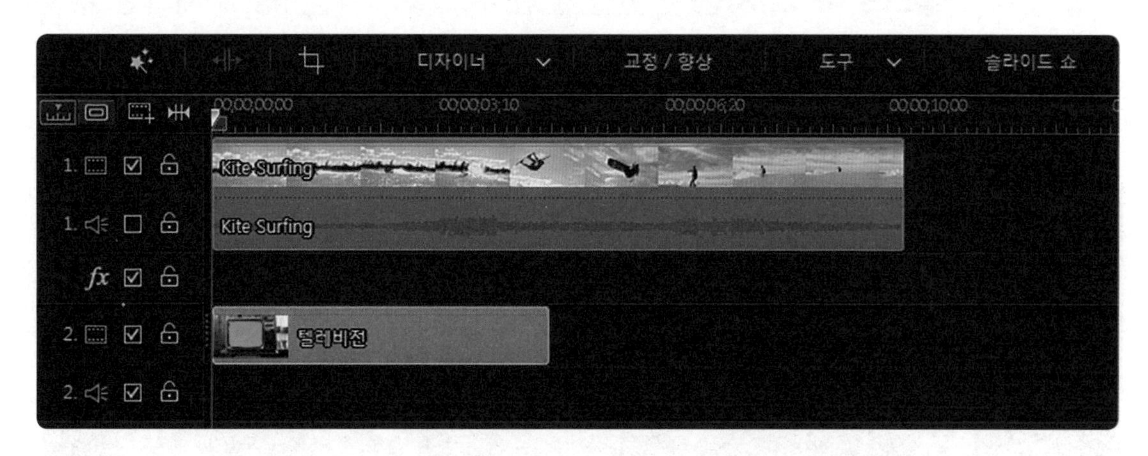

03 트랙2가 PiP로 사용될 이미지가 되는데, 가려져서 트랙1이 안보입니다.

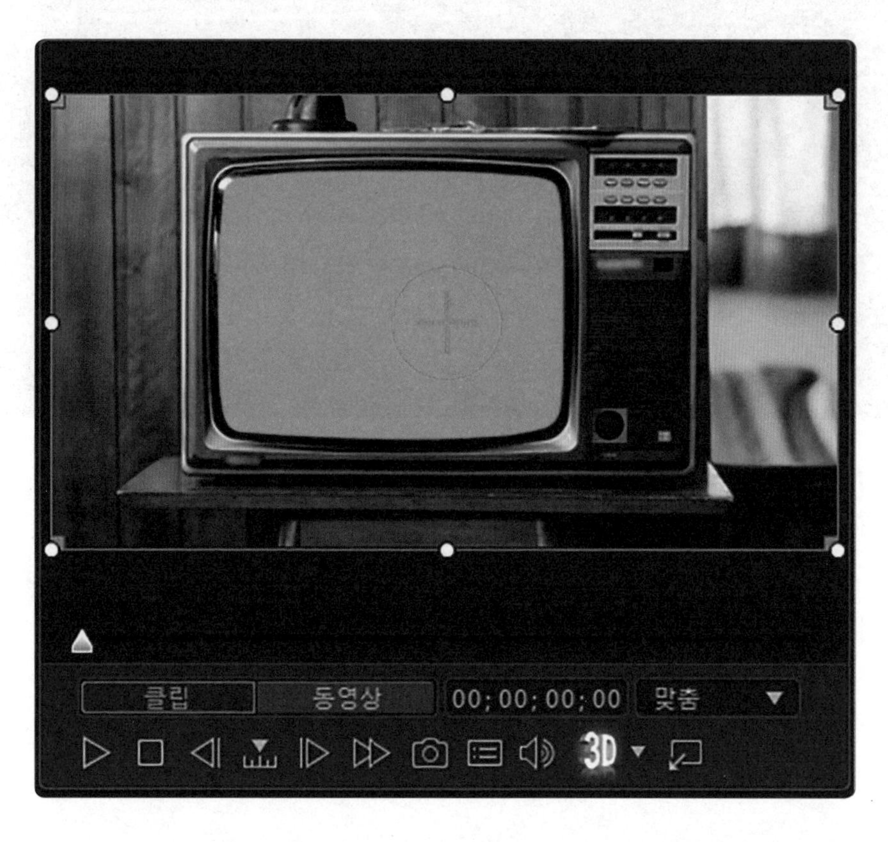

04 도구모음에서 **디자이너**를 클릭해서 **PiP 디자이너**를 선택합니다.

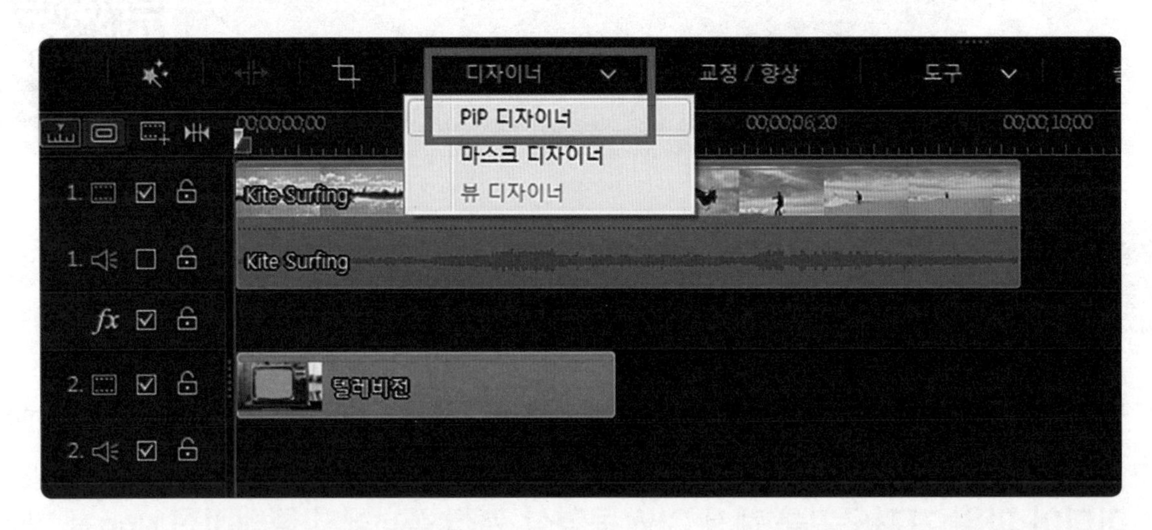

05 속성 탭에서 **❶크로마 키 사용** 옵션을 펼친 후 크로마 키 사용에 체크한 후 **❷스포이드(아이드롭퍼)**를 클릭한 후 **❸크로마 키로 사용할 텔레비전의 초록색**에 클릭한 후 **확인** 버튼을 클릭합니다.

* 초록색 크로마키를 클릭하는 순간 바로 가려졌던 곳이 뻥 뚫려 보이게 됩니다. 크로마키라는 것은 지정한 색이 투명해 지는 것을 말하는데 투명해지므로 뒤가 보이게 되는 현상을 말합니다. 뉴스의 일기예보 화면 등에서 많이 사용되며, 영화를 촬영할 때도 합성하기 위해 많이 사용하는 방법입니다.

06 미리보기 창에서 재생 버튼을 클릭하면 텔레비전 브라운관 안에 트랙1의 동영상이 재생되는 것을 볼 수 있는데, 동영상의 길이가 상대적으로 크로마키 화면보다 재생시간이 길어서 조절해야겠습니다.

07 트랙2에 추가된 텔레비전 이미지의 길이를 동영상의 길이와 맞춰준 후 재생해 보면 만족스런 결과가 나왔을 것입니다.

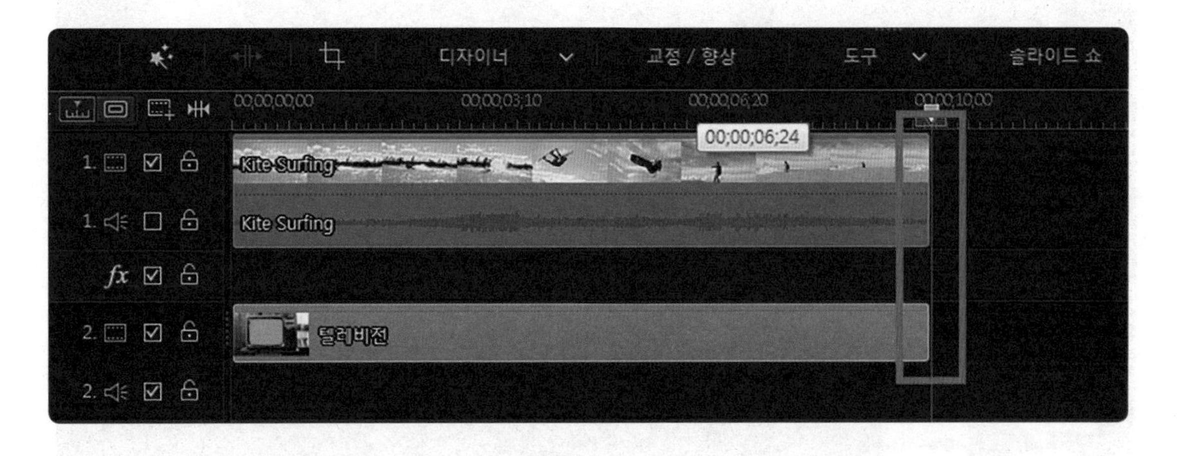

08 지금까지 작업한 프로젝트를 **C:₩파워디렉터** 폴더에 파일이름은 **크로마키**로 저장을 합니다.

CHAPTER 09-2 마스크 디자이너

01 앞 과정에서 진행을 계속하도록 합니다. 트랙1에 삽입된 영상 클립을 클릭한 후 **디자이너 → 마스크 디자이너**를 차례대로 선택합니다.

02 마스크 스타일을 선택한 후 **페더 반경**을 10으로 변경하고 **확인**을 클릭합니다.

03 재생을 하면 별로 효과를 모르겠습니다. 도구모음의 **디자이너 → 마스크 디자이너**를 선택하고 마스크 스타일을 **별**로 선택한 후, 미리보기 창의 별모양의 크기를 텔레비전 크기에 맞춰 조절하고 이동해 준 후 **확인**을 클릭합니다.

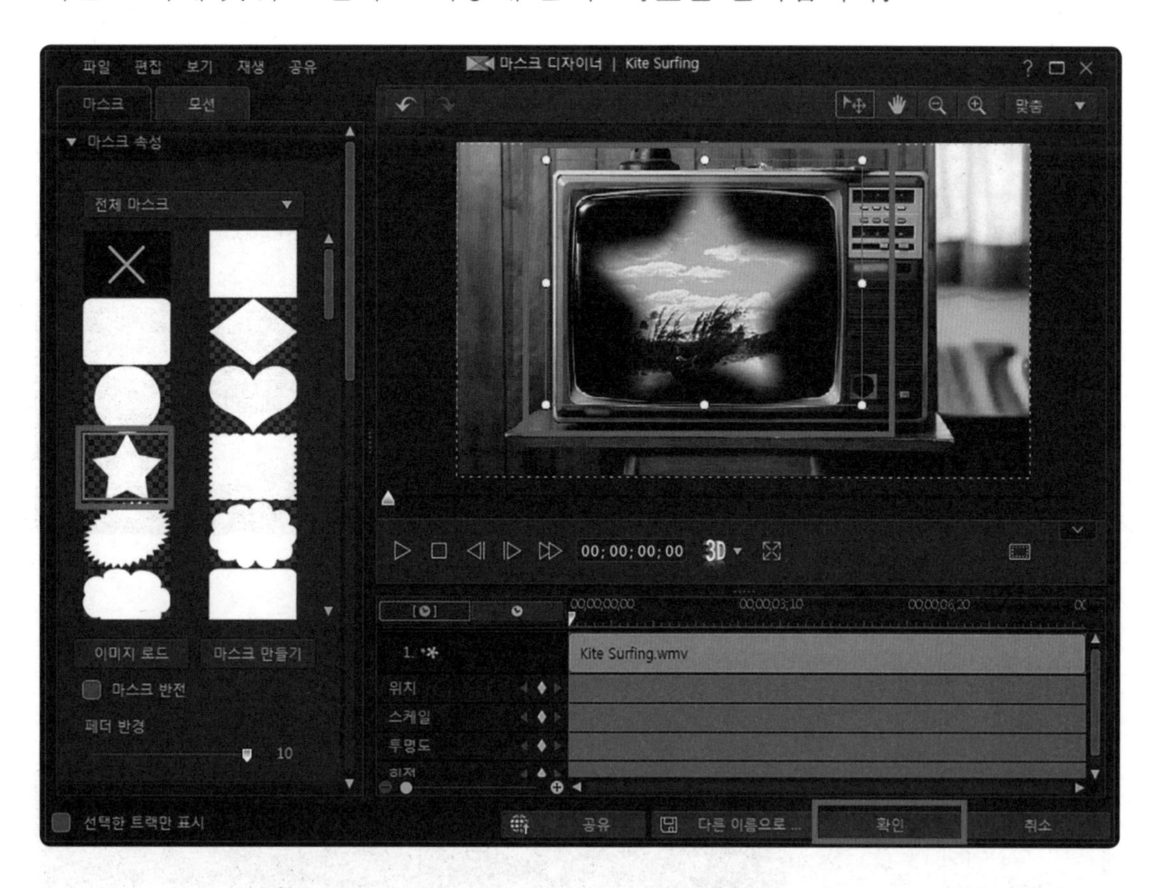

04 미리보기 창에서 재생 버튼을 클릭해서 확인해 봅니다.

CHAPTER 09-3 모션 사용하기

01 아래 그림처럼 트랙1에 sunrise, 트랙2에 extreme sports를 추가한 후 트랙2를 선택한 후 도구모음에서 **선택한 이미지를 자르기**를 클릭합니다.

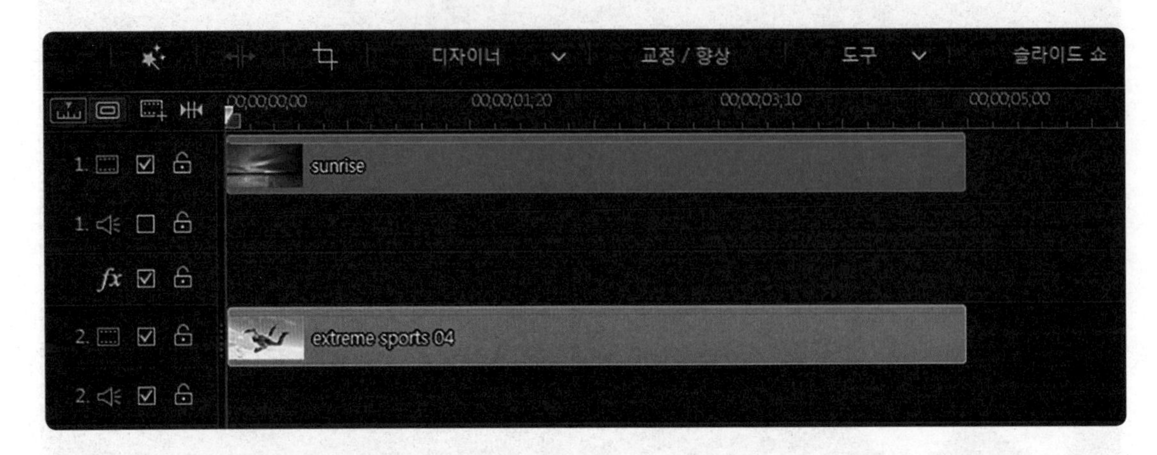

02 화면비율에서 **자유 형식**을 선택한 후 오른쪽에서 조절점을 아래와 같이 사람이 있는 자르기할 영역만큼 조절한 후 **확인**을 클릭합니다.

03 도구모음에서 **디자이너 → 마스크 디자이너**를 차례대로 클릭합니다.

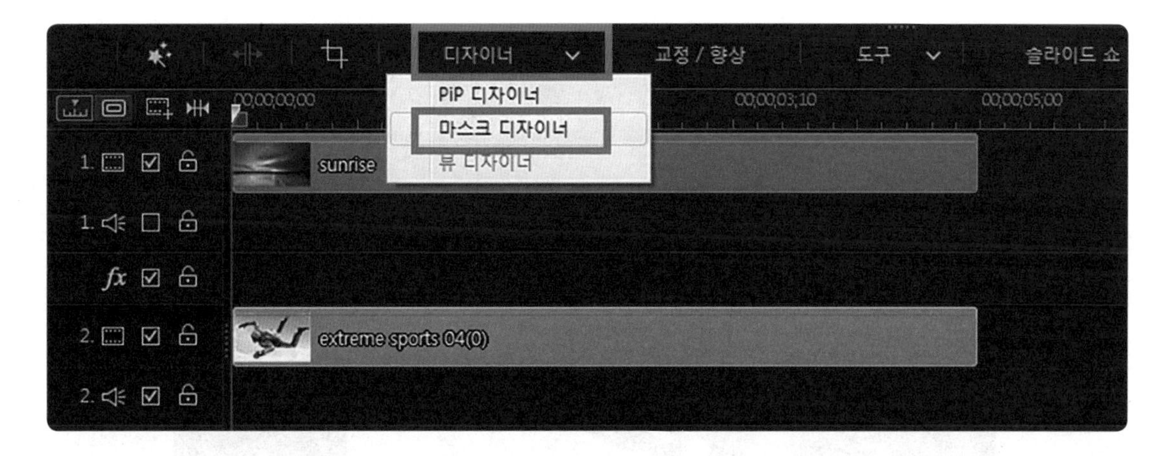

04 마스크 속성에서 원형 스타일을 선택합니다.

05 **모션** 탭을 클릭한 후 움직이는 방향을 아래에서 선택한 후 **확인**을 클릭합니다.

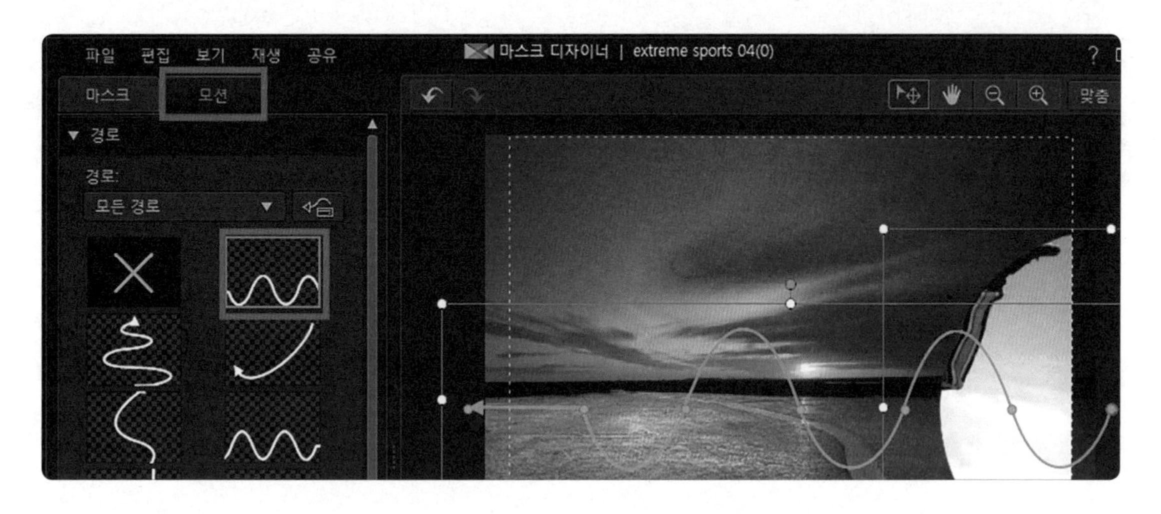

06 미리보기 창에서 재생 버튼을 클릭해서 마스크 모션 동작을 확인합니다.

알고 넘어가기

파워디렉터15는 제한적으로 경로만 변경할 수 있으며 위치, 스케일, 투명도, 회전을 변경할 수는 없습니다. 정품을 구매하면 키프레임을 사용할 수 있는데 애니메이션에 자주 등장하는 키프레임(Key Frame)은 무엇일까요?

동영상에서 오디오 추출하기

01 라이브러리 창에서 Kite Surfing.wmv 클립을 마우스 오른쪽 단추로 클릭한 후 **오디오 추출**을 선택합니다.

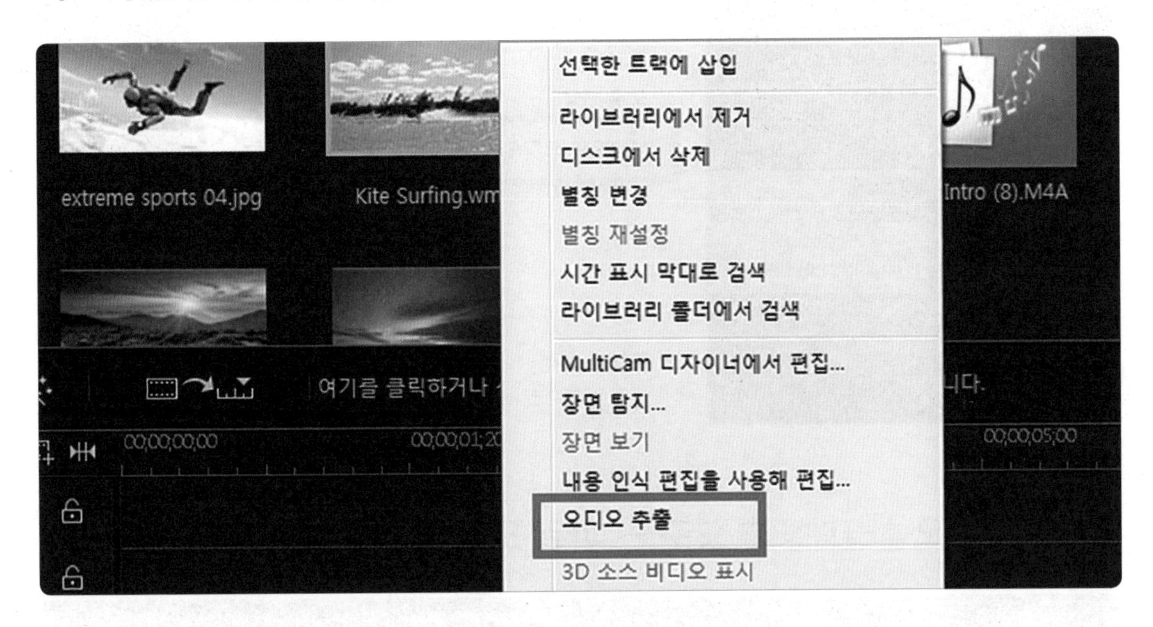

02 저장할 폴더를 **C:₩파워디렉터** 로 지정한 후 **저장**을 클릭합니다.

03 새 오디오 파일이 미디어 라이브러리 창에 Kite Surfing.wav라는 이름으로 자동 추가되어 나타납니다.

동영상 속 오디오 속도 조절하기

01 **파일 → 새 프로젝트**를 실행한 후 **Wildlife.wmv**를 가져와서 트랙1에 삽입합니다.

02 트랙1에 삽입된 미디어 클립 Wildlife를 마우스 오른쪽 단추로 클릭한 후 **오디오와 비디오 링크 해제**를 클릭합니다.

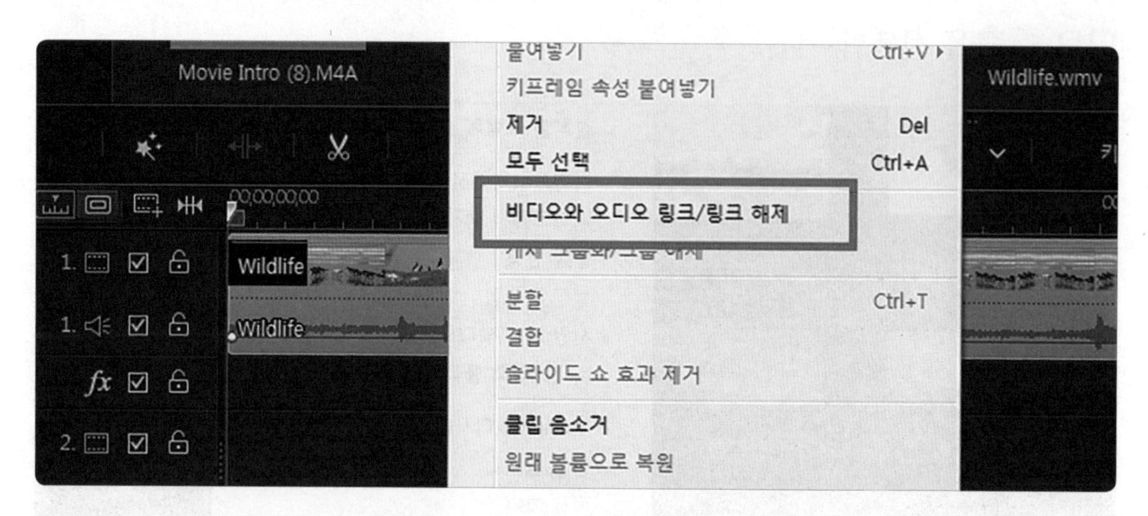

03 **분리된 오디오**를 클릭한 후 **도구 → 파워 도구** 메뉴를 클릭합니다.

04 전원 도구 설정이 나오면 **오디오 속도**를 클릭한 후 오디오 속도를 **1.5배속** 빠르게 조절한 후 미리보기 창에서 재생 버튼을 클릭합니다.

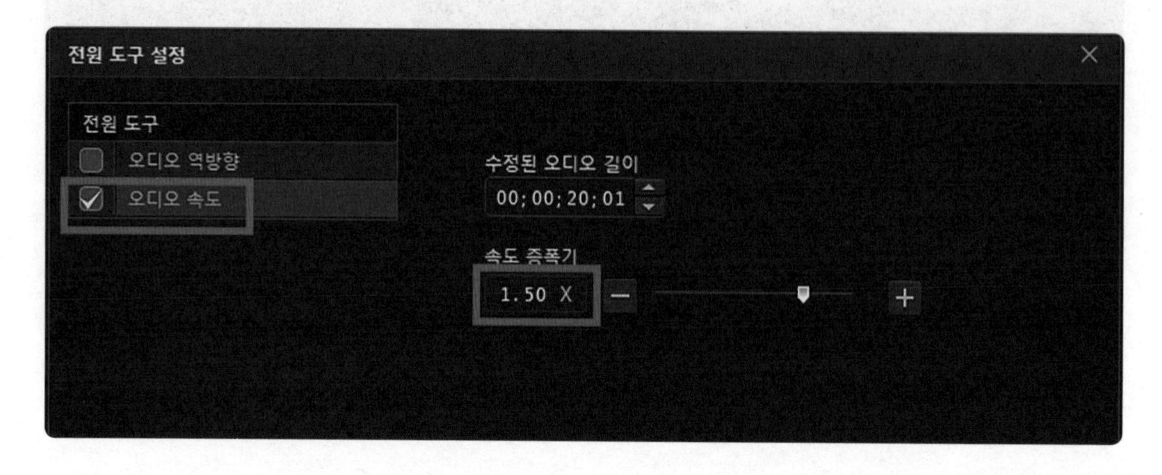

오디오 믹싱 룸 사용하기

대부분의 편집 트랙에 비디오 트랙과 오디오 트랙이 모두 있습니다. 작품에 여러 편집 트랙이 있을 경우 오디오 레벨을 믹싱할 수 있는데 작품 속 오디오의 볼륨을 모두 조정해서 오디오를 믹싱합니다.

01 **파일 → 새 프로젝트**를 실행한 후 **Kite Surfing.wmv**를 가져와서 트랙1에 삽입하고 음악샘플에서 Maid with the Flaxen Hair.wma를 가져와 음악 트랙에 추가합니다.

02 ❶오디오 믹싱 룸을 클릭하면 ❷음악트랙의 좌/우 Balance와 ❸트랙1 오디오 게인과 ❹트랙1번 오디오 볼륨이 보입니다.

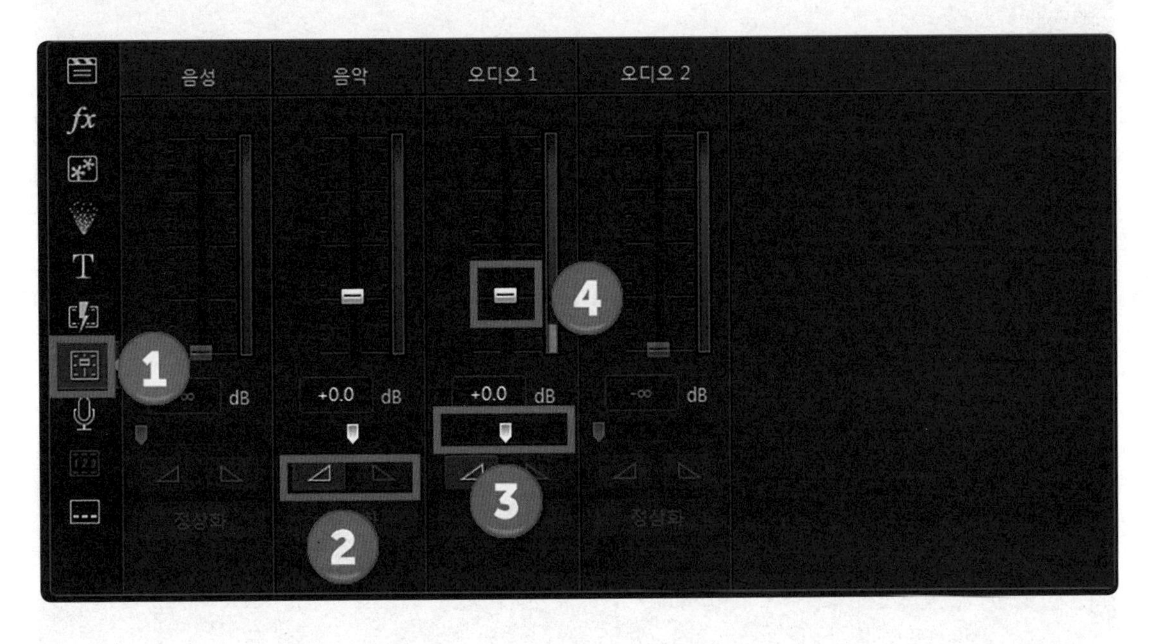

03 **타임라인 마커**를 볼륨을 올릴 곳에 클릭한 후 오디오1 비디오 볼륨을 위로 올려주면 오디오 라인에 게인 포인트가 하나 생기면서 올라간 것을 알 수 있습니다.

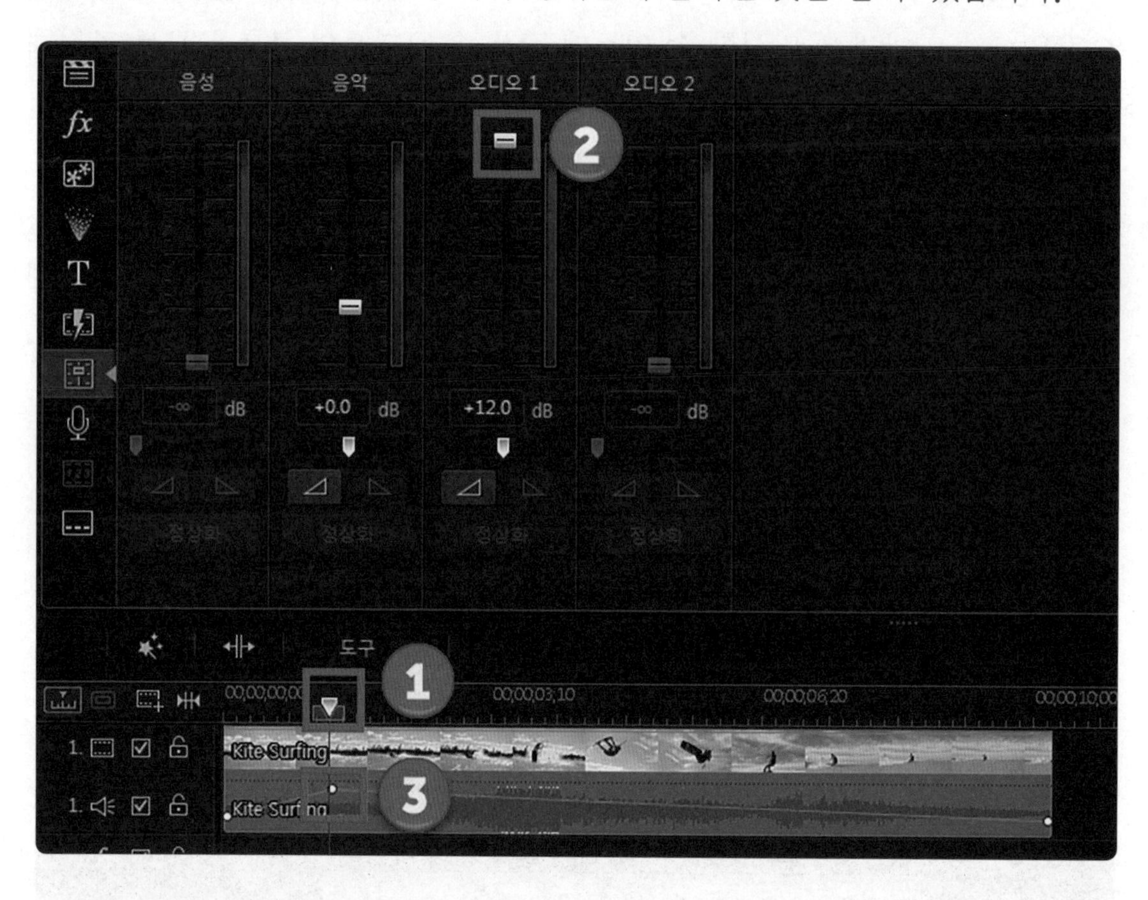

04 위와 같은 방법으로 게인 포인트가 생기도록 작업해 줍니다.

05 게인값을 변경하려면 게인 포인트에 마우스를 올리면 빨간점으로 변하는데 드래그 해서 아래처럼 변경합니다.

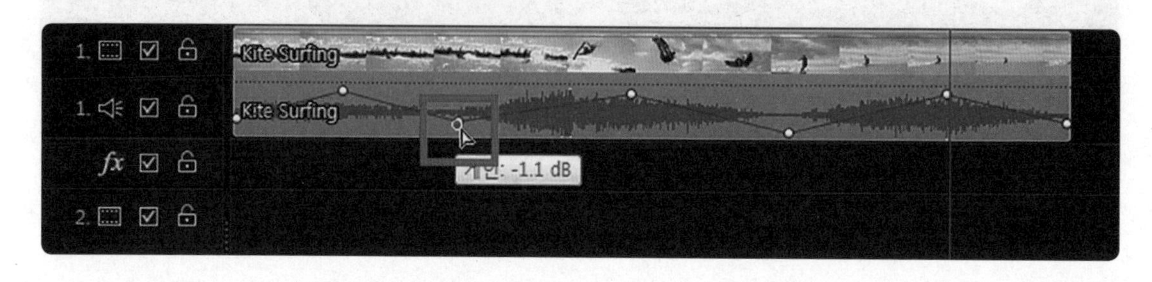

06 게인값을 추가하려면 직접 오디오 라인에서 드래그하면 간단하게 만들 수 있습니다.

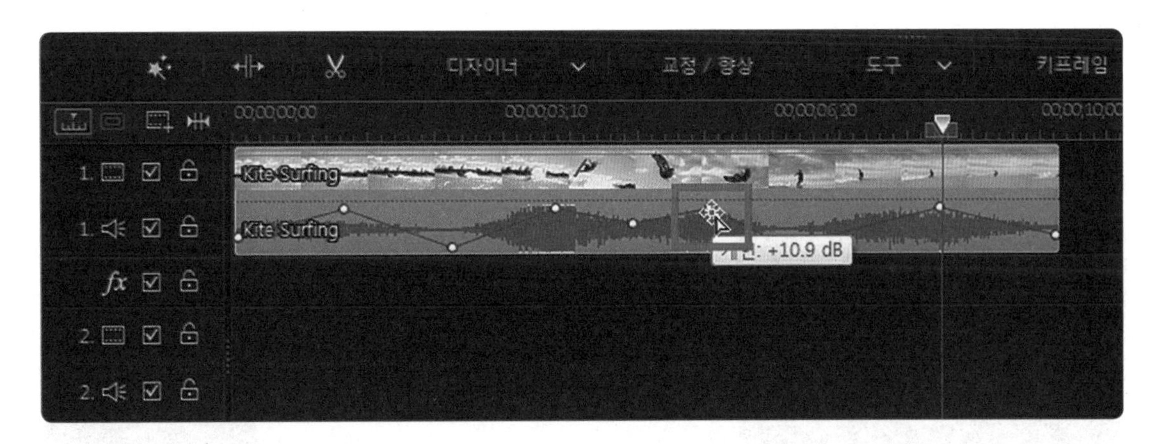

07 미리보기 창에서 재생해서 소리가 크게 들리는지 확인해 봅니다.

08 오디오 믹싱 룸에서 게인을 올려 보도록 하겠습니다. 확실하게 전체적으로 증폭이 되는 것을 알 수 있습니다.

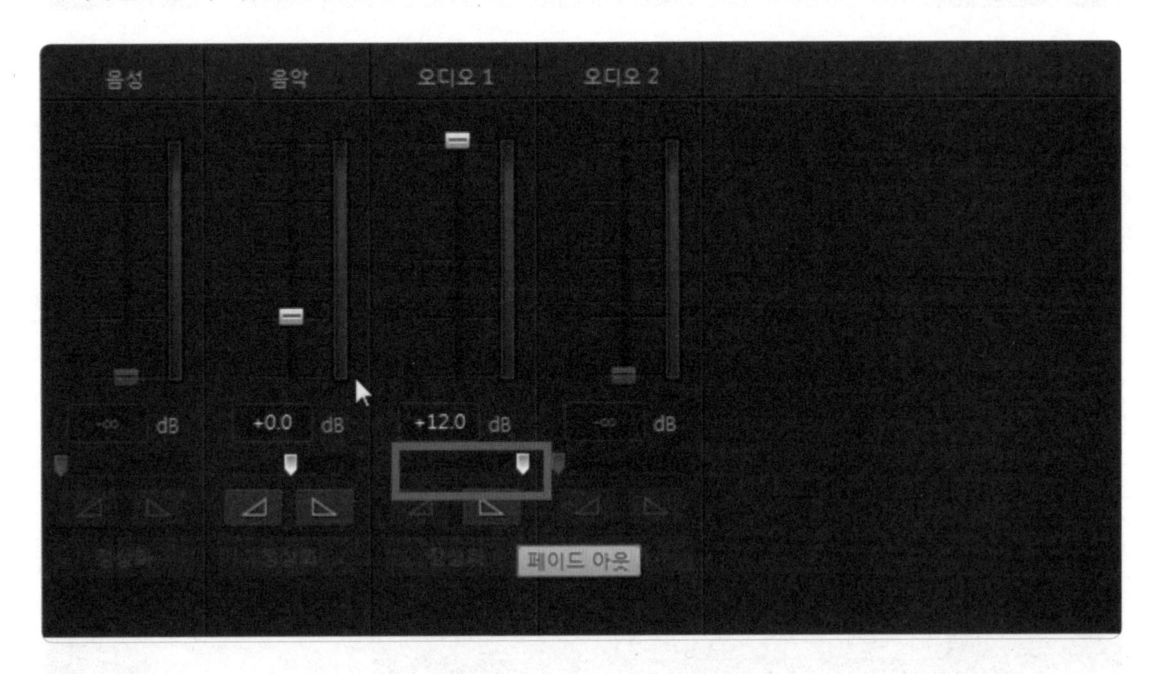

09 오디오 게인 포인트를 하나씩 제거하려면 게인 포인트를 오디오 트랙 밖으로 드래그하면 되는데 이 때 마우스 포인터가 휴지통으로 변경됩니다.

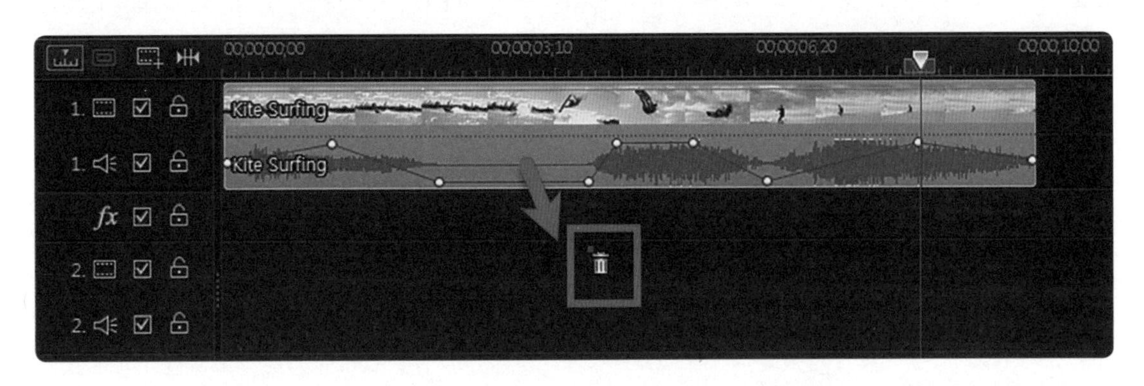

10 오디오 게인을 원래대로 하려면 오디오트랙을 마우스 오른쪽 클릭한 후 **원래 볼륨으로 복원**을 클릭합니다.

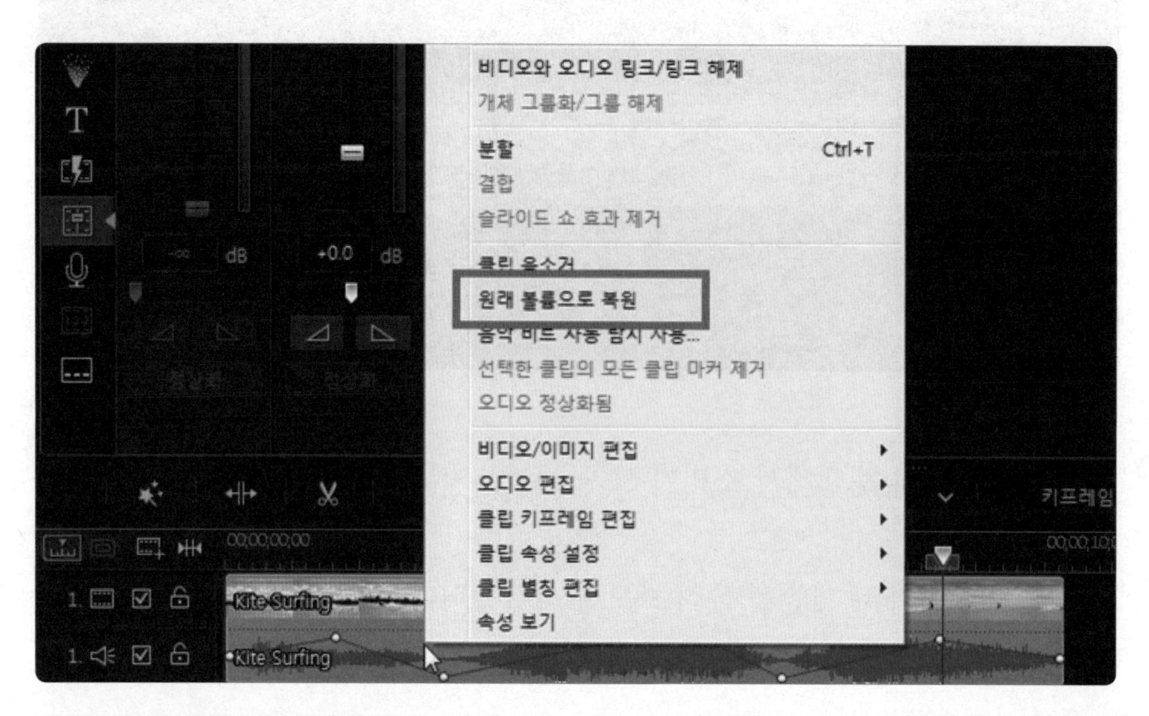

* **페이드 인과 페이드 아웃**

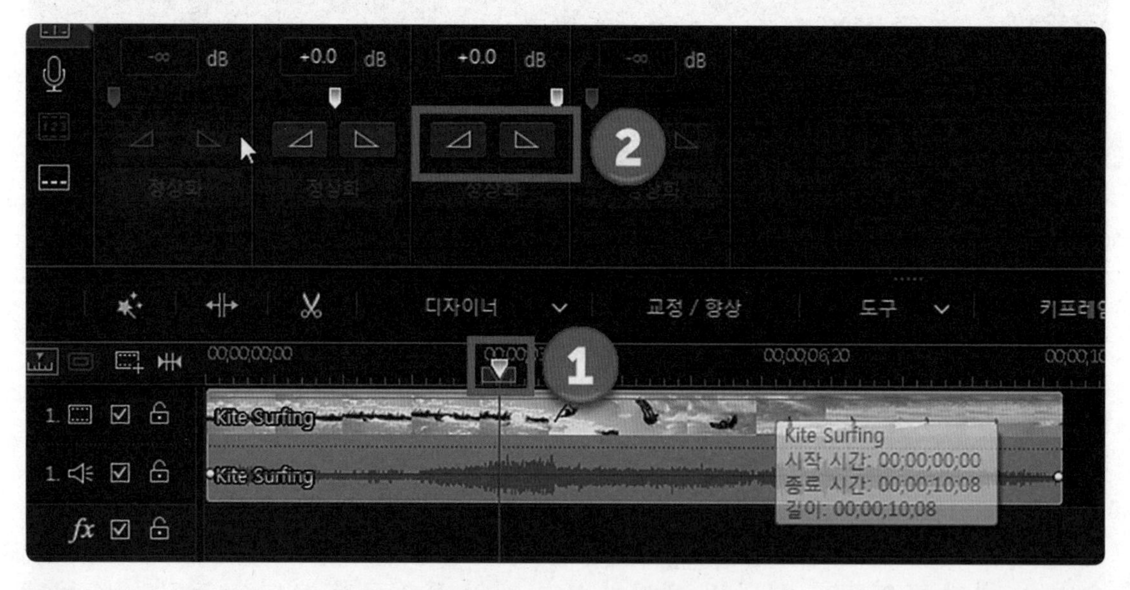

◿ 마커가 위치한 부분까지 **페이드 인**으로 점점 소리가 커지게 합니다.

◺ 마커가 위치한 부분부터 **페이드 아웃**으로 점점 소리가 작아지게 합니다.

음성해설 녹음 룸

동영상에 나래이션을 할 수 있는 것으로 컴퓨터에 마이크가 꼽혀 있으면 사용할 수 있습니다.

01 **음성해설 녹음 룸**을 클릭한 후 미리보기 창에서 **정지** 버튼을 클릭해서 시작마커를 처음으로 이동합니다. 트랙1에 오디오 트랙을 음소거하고, 추가된 음악트랙도 음소거를 합니다.

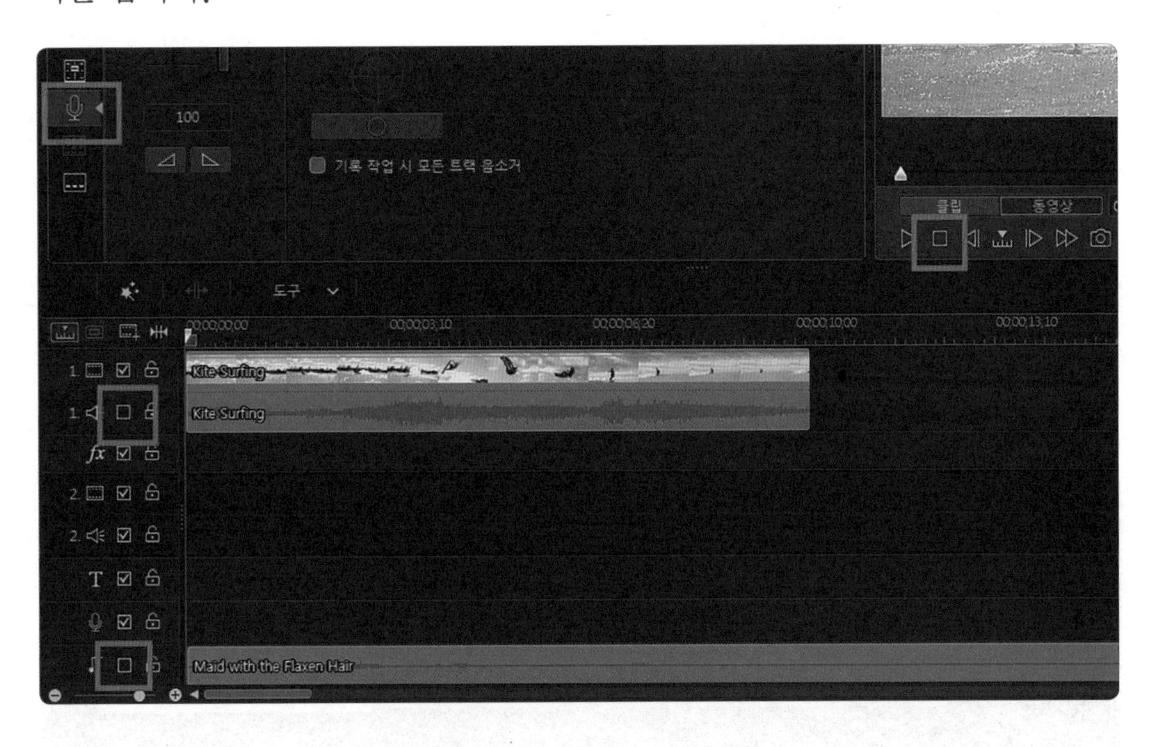

02 **녹음** 버튼을 눌러 나래이션한 후 다시 같은 버튼을 눌러 중지합니다.

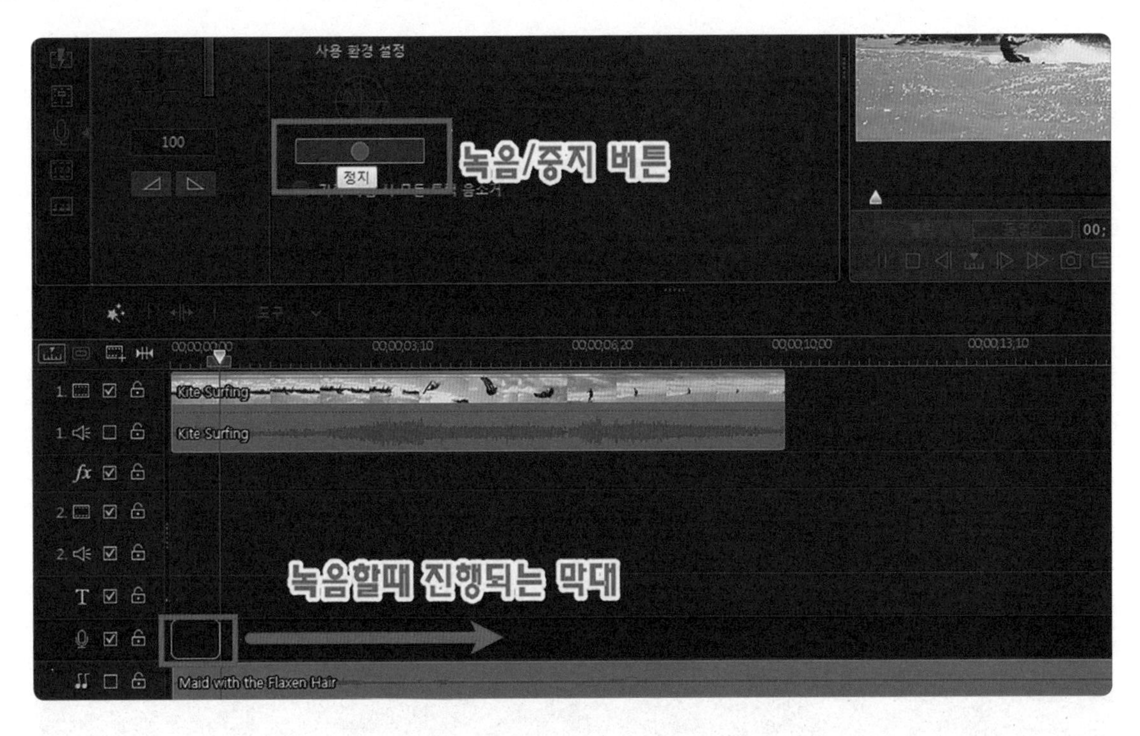

CHAPTER

10 ▶ 다른 기능 및 실습

CHAPTER 10-1 슬로우 모션

영화에서 흔히 사용되는 "오버크랭크" 효과를 말하는데 주로 동작이 빠른 스포츠 장면에서 많이 사용됩니다. 고속 촬영 모드를 지원하는 카메라에서 촬영된 영상 클립을 사용해 슬로우 모션 효과를 구현할 수 있도록 합니다.

01 **파일 → 새 프로젝트**를 실행하여 Kite Surfing.wmv 파일을 트랙1에 추가합니다.

02 트랙1이 선택된 상태에서 도구모음의 **도구 → 파워 도구**를 차례대로 클릭합니다.

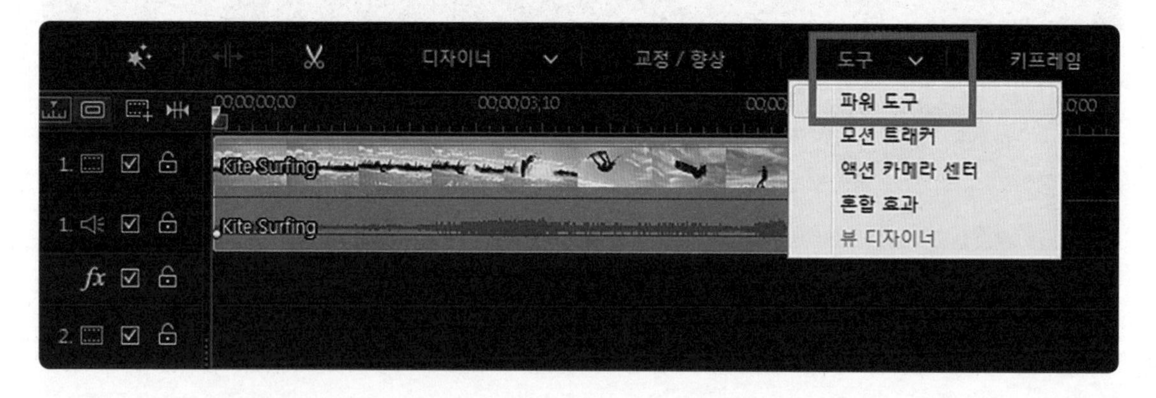

03 **비디오 속도**를 체크한 후 **속도 조정** 버튼을 클릭합니다.

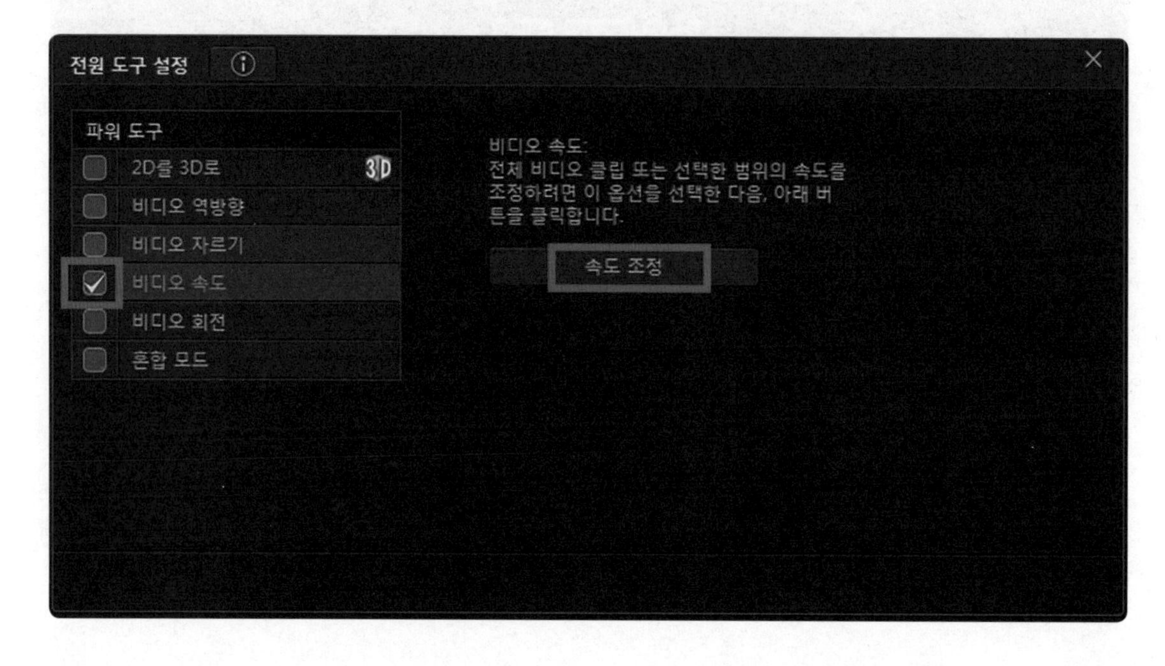

04 속도 증폭기를 **0.500**으로 변경하면 동영상의 속도가 천천히 움직이게 됩니다. **재생** 버튼을 클릭해서 확인한 후 **확인**을 클릭합니다.

05 **재생** 버튼을 눌러 미리보기 창을 통해 비디오가 어떻게 변했는지 확인해 볼 수 있습니다.

알고 넘어가기

FPS(Frame Per Second)란 1초당 몇개의 프레임(이미지)을 촬영할 수 있는지를 표시하는 단위입니다.

CHAPTER 10-2 일부 영역만 패스트 모션 편집하기

01 **파일 → 새 프로젝트**에서 **베트남.wmv** 파일을 가져와서 트랙1에 삽입합니다.

02 미리보기 창에 재생 화면을 보면서 슬로우 모션으로 변신시키고자 하는 "**시작 지점**"에 막대를 위치시킵니다. (일시정지 기능을 이용)

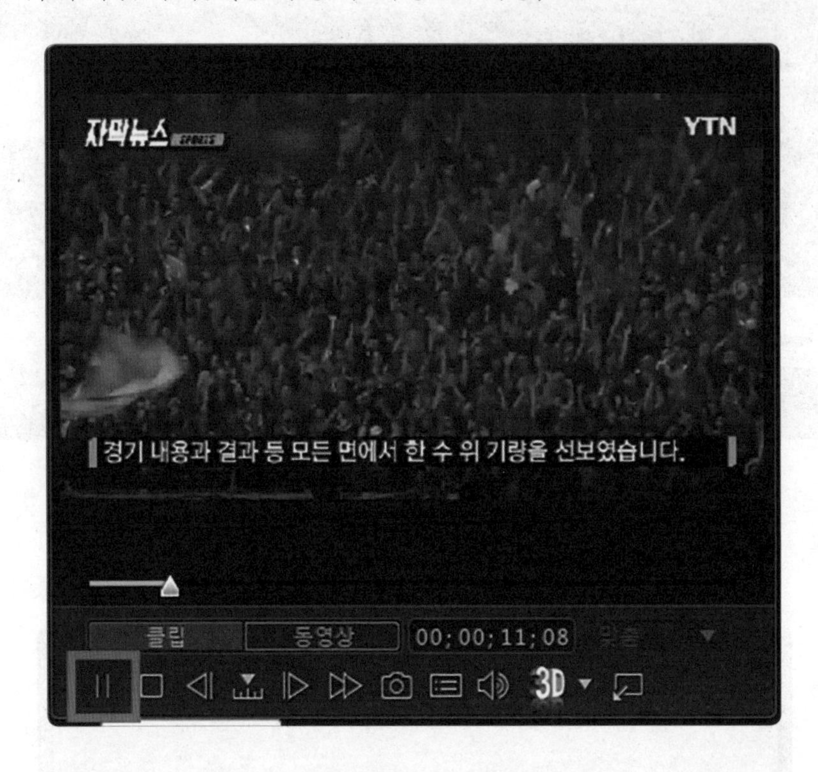

03 **분할** 버튼을 클릭해서 동영상을 빠르게 움직이게 할 지점과 정상속도로 움직이게 할 부분을 분할합니다.

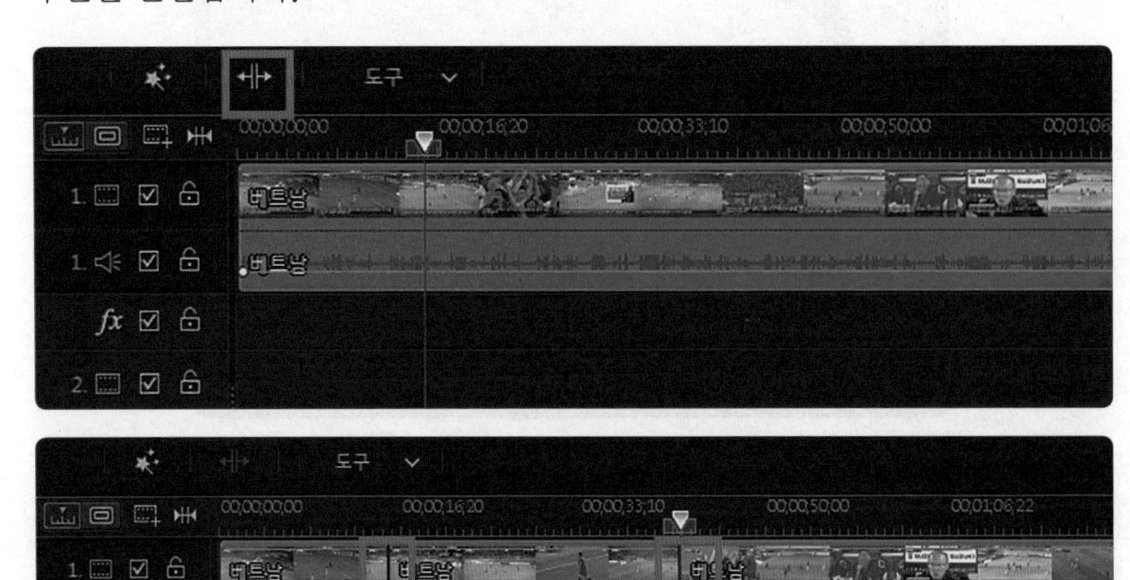

04 속도를 빠르게 할 두 번째 클립을 선택한 후 **도구 – 파워 도구**를 클릭합니다.

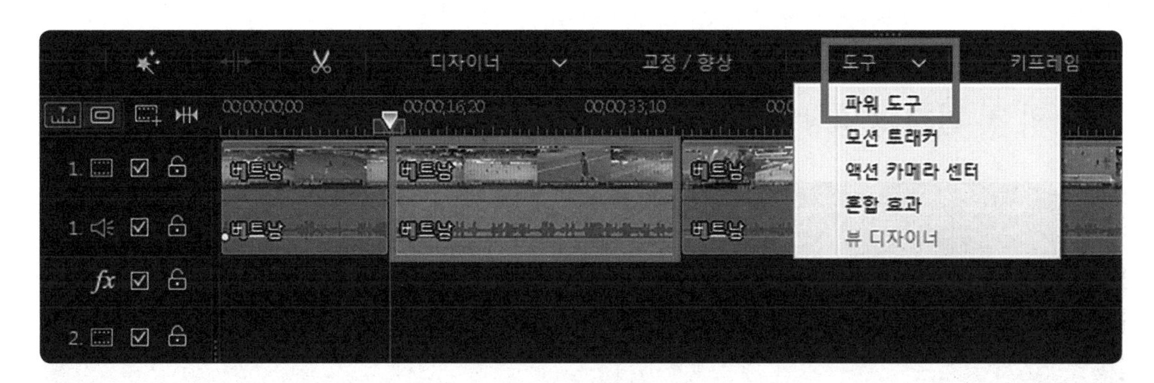

05 **비디오 속도**를 체크한 후 **속도 조정** 버튼을 클릭한 후 2.000배 속도까지 조절한 후 확인을 클릭합니다.

06 미리보기 창에서 재생을 해서 작업이 잘 되었는지 확인해 보세요. 동작속도를 증폭하면 오디오는 들리지 않습니다.

CHAPTER 10-3 흑백 영상으로 편집하기

01 트랙1의 첫 번째 동영상 클립을 선택한 후 **교정 / 향상** 버튼을 클릭합니다.

02 **색상 조정**을 체크한 후 **채도 슬라이드바**를 왼쪽으로 완전히 이동하면 흑백으로 변하며 **노출**과 **선명도**를 변경해줍니다.

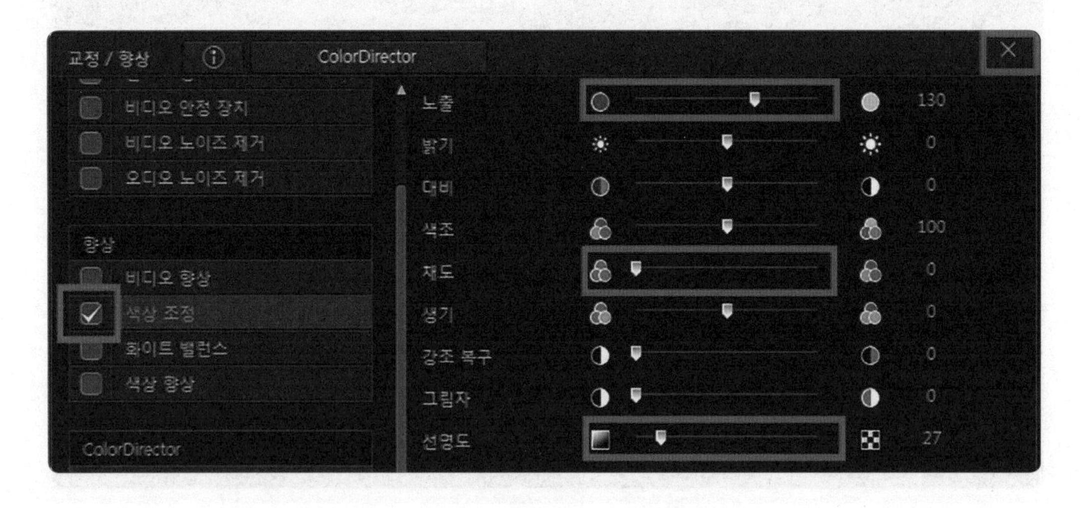

03 미리보기 창에서 동영상 모드로 선택한 후 재생 버튼을 클릭해서 감상해보세요. 흑백 뿐 아니라 다양한 색상조정 작업을 할 수 있으므로 활용해보세요.

CHAPTER 10-4 오디오 잡음 제거하기

전용 마이크를 장착하지 않은 스마트 폰이나 캠코더로 찍은 동영상에는 잡음(노이즈)이 녹음되기 마련인데 바람 소리나, 칙~~하는 소리와 딸그락 거리는 소리같은 것들이 촬영에 포함되어 있습니다. 동영상 편집과정에서 이 과정도 매우 중요한 과정이므로 다른 동영상을 가지고도 연습해 보세요.

01 앞 과정에서 작업한 3번째 동영상 클립을 선택한 후 **교정 / 향상** 버튼을 클릭합니다.

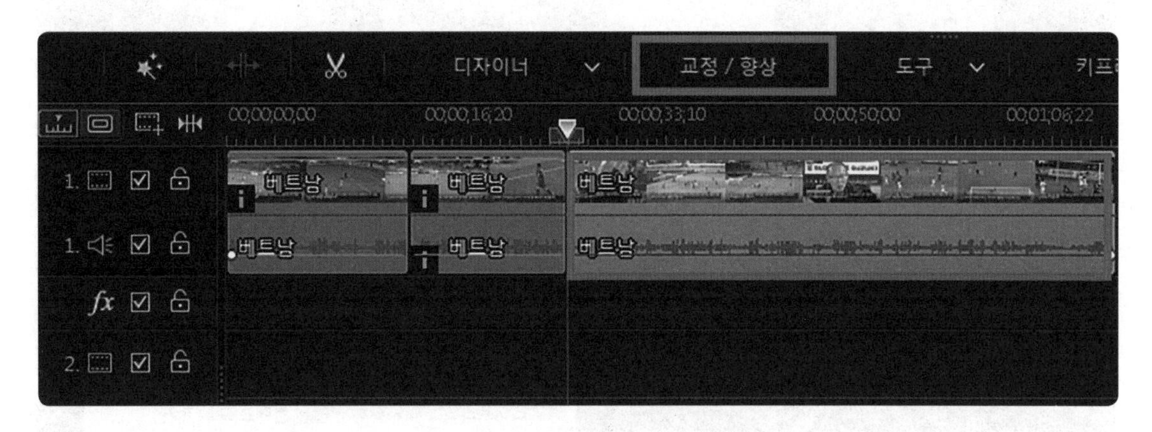

02 교정 / 향상 화면에서 **오디오 노이즈 제거**를 체크한 후 노이즈 유형을 **바람 노이즈**를 선택합니다. 정도를 70 정도로 올려줍니다.

03 재생해보면 소리가 들리지 않는데 오디오 노이즈 제거를 선택해서 그렇습니다. 즉 노이즈가 없는 영상은 노이즈제거하면 소리가 안 들립니다. 이제 여러분이 다른 동영상을 가져와서 노이즈 제거를 해보시기 바랍니다. 여러분이 촬영한 동영상에는 노이즈가 많이 있으므로 효과를 보게 될 것입니다.

CHAPTER 10-5 타임랩스 작업하기

01 라이브러리 창 마지막의 빈 곳에 마우스 오른쪽 단추를 클릭한 후 **라이브러리 비우기**를 선택합니다.

02 미디어 룸에서 **미디어 폴더 가져오기**를 선택해서 **C:₩동영상 편집₩서울 명동거리**를 선택한 후 **폴더 선택**을 클릭합니다.

03 사진을 Ctrl+A 를 눌러서 모두 선택한 후 트랙1에 추가합니다.

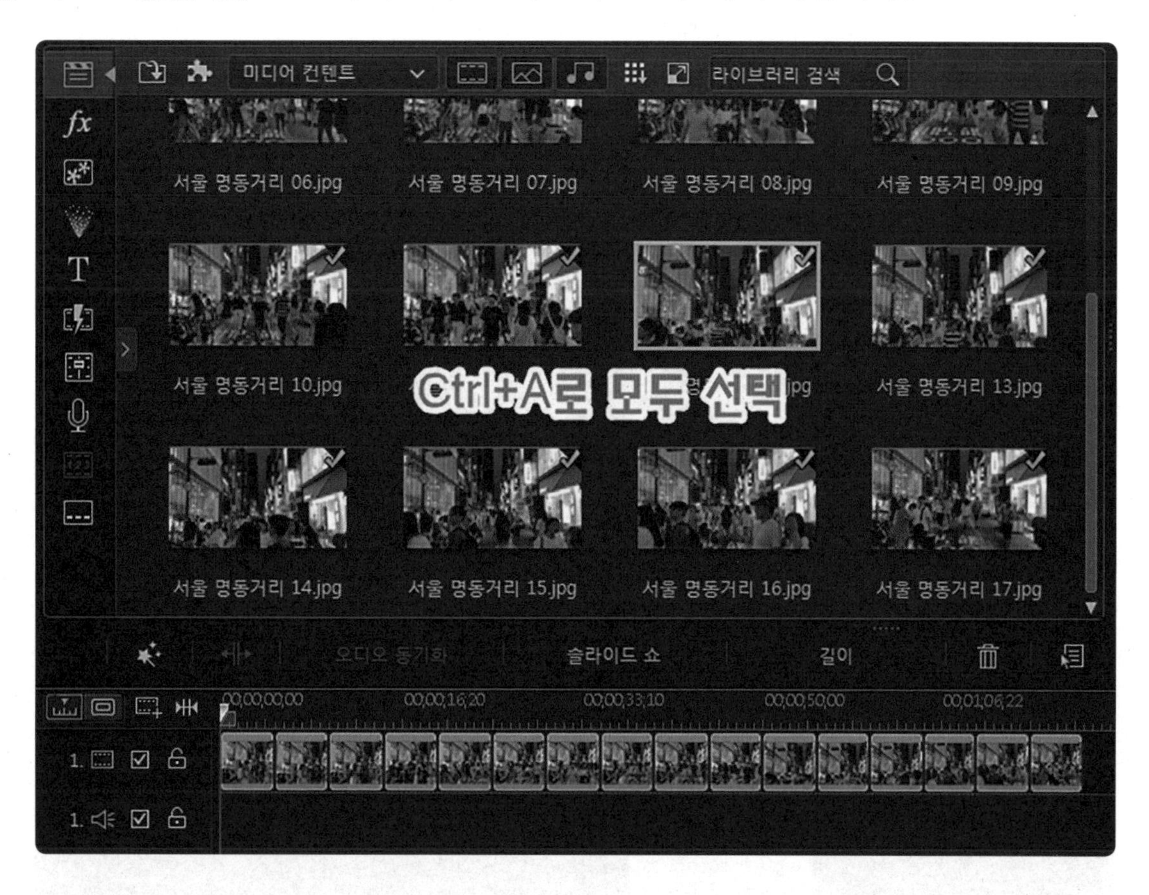

04 트랙1을 클릭한 후 Ctrl+A 를 눌러 모든 클립을 선택한 후 **길이** 버튼을 클릭해서 설정을 **0초**로 설정합니다.

05 트랙1에 있던 클립들이 모두 사라져 보이지만 축소가 되어서 그렇게 보이는 것이므로 줌인을 해줘서 보이도록 합니다.

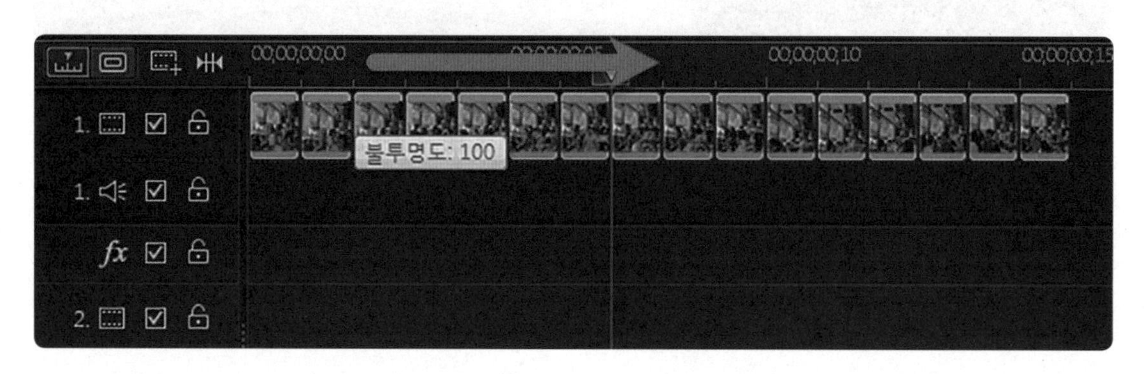

CHAPTER 10-6 자막 넣기

01 새 프로젝트를 실행한 후 트랙1에 **사진 5장**을 추가합니다.

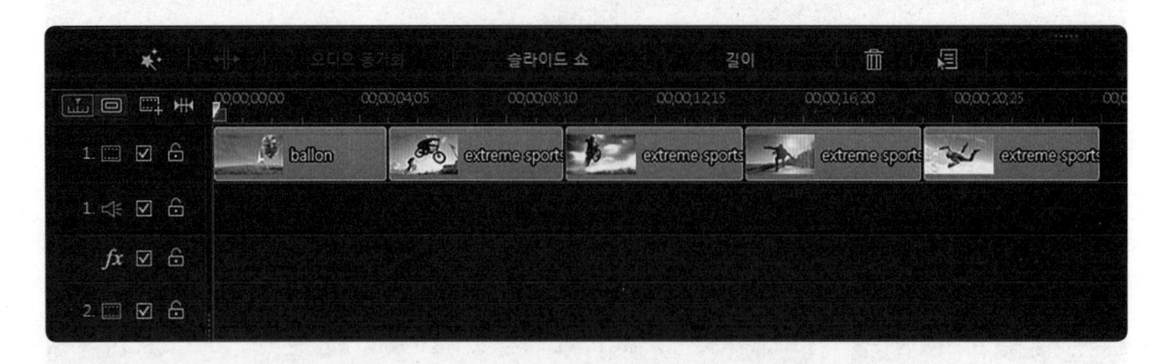

02 **타이틀 룸**에서 **기본**을 트랙2에 추가한 후 **디자이너** 버튼을 클릭합니다.

03 디자이너 창에서 문자 사전 설정에서 아래와 같은 스타일을 선택하고 글자 내용도 변경해 줍니다.

04 미리보기 창에서 **개체 정렬** 버튼을 클릭해서 **가로 중앙, 아래쪽 정렬**을 차례대로 클릭합니다.

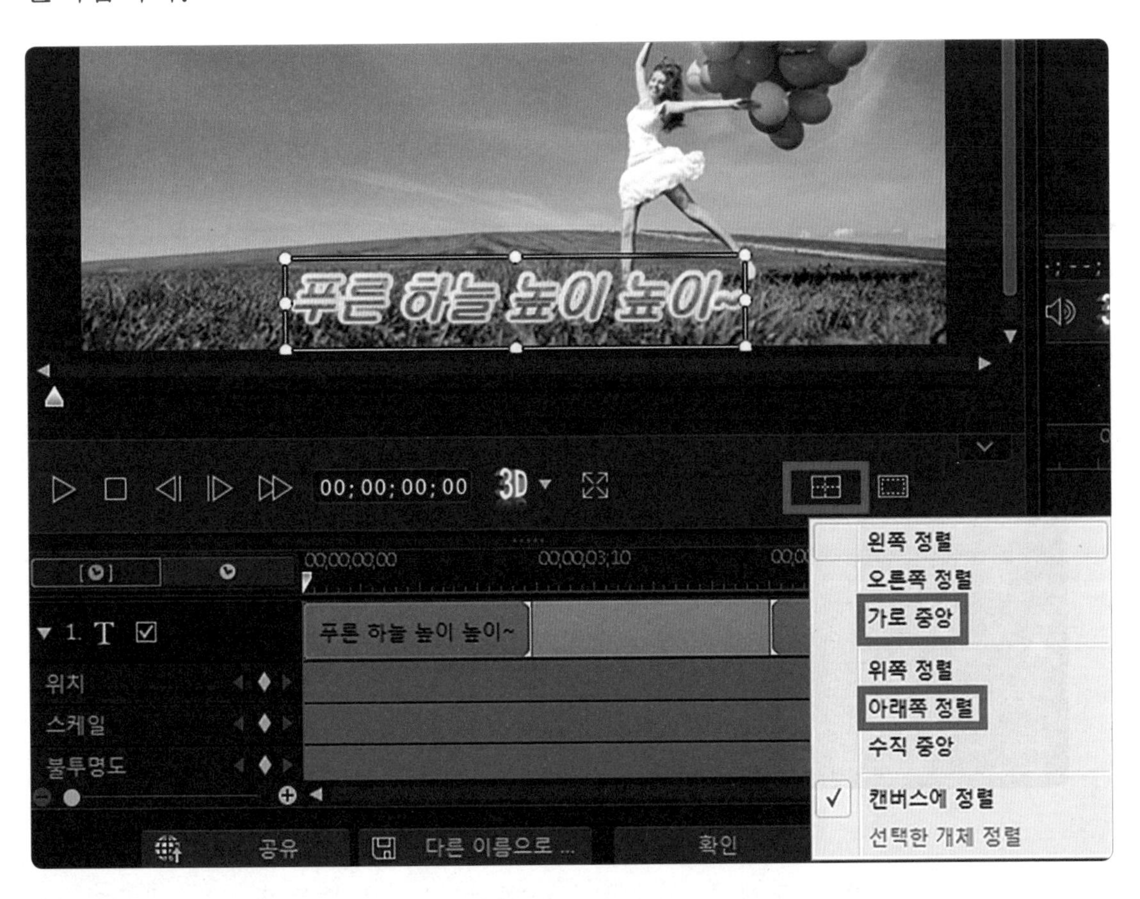

05 **모션** 탭을 클릭한 후 마지막 동작을 선택합니다.

06 모션 탭은 정해져 있어서 초록색이 중앙에 위치하는데 마우스를 테두리에 올려놓은 후 아래쪽으로 Shift 를 누른 상태에서 이동한 후 미리보기를 재생해 봅니다.

07 재생 버튼을 누르면 왼쪽에서 날아와서 잠깐 대기하다 오른쪽으로 사라지는 효과를 보여줍니다. **확인** 버튼을 눌러 디자이너 창을 빠져나갑니다.

08 자막의 길이가 너무 길다면 길이를 트랙1에 보여질 만큼 줄여줍니다.

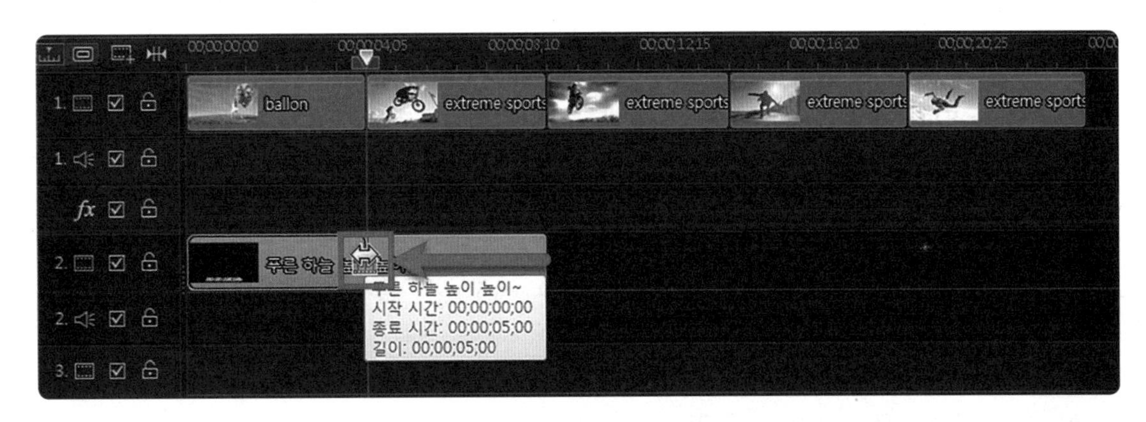

09 자막을 Ctrl+C 를 눌러 복사한 후 Ctrl+V 를 눌러 붙여넣기를 한 후 **디자이너** 버튼을 클릭합니다.

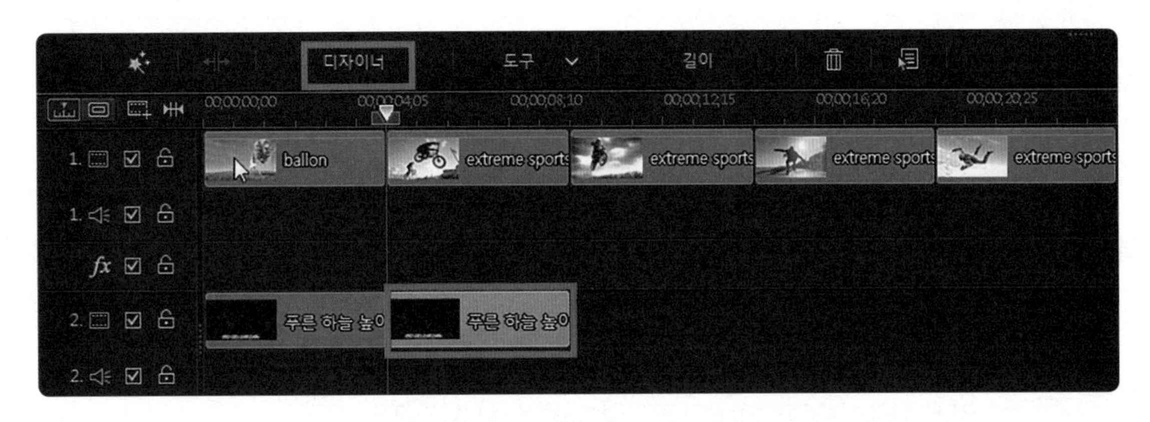

10 자막의 내용을 변경한 후 **확인** 버튼을 클릭합니다.

11 반복작업으로 타이밍을 맞춰서 자막작업을 마무리한 후 저장합니다. 컬러보드를 트랙2에 삽입하고 트랙3에는 자막을 넣어서 사용하는 방법도 있습니다.

파워디렉터 구동을 위한 시스템 요구사항

아래에 나열된 시스템 요구 사항은 일반적인 디지털 비디오 제작 시 권장되는 최소 요구 사항입니다. 파워디렉터와 유사한 프리미어와 베가스는 이보다 시스템 요구사항을 더 많이 갖춰야 제대로 디지털 비디오 제작이 가능합니다.

운영 체제	Microsoft Windows 10, 8, 7, Vista, XP(HDV 캡처의 경우 Windows XP Service Pack 3가 필요함)
화면 해상도	1024 x 768, 16비트 컬러 이상
CPU 프로세서	Full-HD 비디오 편집 및 내보내기: Intel Corei5/7 또는 AMD Phenom II X4(권장) 2K/4K/3D* 비디오 편집 및 내보내기: Intel Corei7 또는 AMD Phenom II X4 (권장)
그래픽 카드	128 MB VGA VRAM 이상 (1 GB 이상 VRAM 및 OpenCL 케이블 권장)
메모리	512 MB 필요. 32비트 OS의 경우 3 GB DDR2 이상 권장 64비트 OS의 경우 6 GB DDR2 이상 권장
하드 디스크 공간	약 6.5 GB (10GB 전체 프리미엄 내용 설치 시 권장)
굽기 공간	DVD 제작 시 10 GB(20 GB 권장) 여유 공간 필요 블루레이 디스크 제작 60 GB (100 GB 권장) 여유 공간 필요
기록 드라이브	VCD/DVD/SVCD/AVCHD* 타이틀 굽기 작업 시 CD 또는 DVD 기록 장치(CD-R/RW, DVD+R/RW 또는 DVD-R/RW) 필요, 블루레이 디스크 굽기 작업 시 블루레이 디스크 기록 가능 드라이브 필요
인터넷 연결	일부 미디어 형식의 가져오기/내보내기 시 인터넷 연결을 통한 활성화가 필요할 수 있습니다. 활성화는 빠르고 간편하며 무료입니다.
기타	Windows Media Player 버전 9 이상이 필요합니다.

※ 참고 : 최신 정보는 CyberLink 웹사이트(http://www.cyberlink.com)를 참조하십시오. 자세한 버전 정보는 제작사 웹사이트의 버전 표를 확인하십시오.

MEMO

MEMO